马未都

国宝100

第一卷

长江出版传媒 | 长江文艺出版社

北京长江新世纪文化传媒有限公司
www.cjxinshiji.com
出品

序

“国宝”一词是个特别宽泛的概念，以至辞书的定义都语焉不详。一般来说，国家的宝物就可以称之为“国宝”；百姓的理解稍稍有点儿差异，叫作“国之重宝”。文献上第一次使用这词的应该是《左传·成公二年》：“子得其国宝，我亦得地。”这里说的“国宝”按杜预解释为“甗磬”，“甗”为食器，“磬”为乐器，物质与精神的双重享受。

“国宝”一词在文物收藏领域有着最高等级的含义。邻国日本对其文物的定级标准，“国宝”即为最高等级。我国虽没有依此定级，文物最高等级被称为“一级甲等”，但民间甚至专业人士也习惯称之为“国宝”，通俗易懂，简单明晰。所以这些年由于国学热的兴起，导致文物热跟随，各类涉及国宝的节目如雨后春笋，一夜破土。

我们进入了新媒体时代，怎么做一个立体的国宝作品，让书籍、视频、音频三者同时开花结果呢？经反复研讨，我决定将国宝的命运与时代的变迁结合在一起，在讲述国宝故事的同时说明其存在的道理，在说明其道理的时候不忘文物自身的知识，让喜爱者在阅览故事的愉悦之中，得到审美的提升和品味的改变。所以，选择哪些国宝就成为重中之重。

这100件国宝经过反复甄选，囊括中国传统文化的全部精髓：既有中国人引以自豪的玉器、陶瓷、青铜等工艺重器，又有竹木牙角漆等无所不包的“雕虫小技”；既有法书、绘画这类完全属于精神享受的抽具象艺术，又有淹没在历史长河之中的精拓残碑。总之，每一件入选的国宝都可圈可点，都有精彩迷人的地方，都是历史遗留的馈赠。

中华民族有着数千年的文明，每个历史时期都有着文化的证物，这些证物都清晰地标示出了历史的标高，表明文明曾经的高度。无论采用什么材质，贵如黄金也好，贱如泥土也罢，创造出的文明价值在于一个民族对自己的总结以及对未来的憧憬，这个要求虽不高，但也只能在文物以上表达，因此就有了这些代表文明的证物，历尽艰辛走到今天。

我们今天能看到的文物百不足一，甚至万不足一。每一件至今仍能让你看见的文物不是今人侥幸，而是文物侥幸。看见它就是幸福，懂得它才是幸运。当这 100 件国宝完整地呈现在你面前时，你应该知道五千年历史凝聚的力量已不是虚的，而是实实在在地以排山倒海之势向你涌来。

这些故事不是编撰的，而是历史发生过的。不论是否曲折，是否惊心动魄，抑或平淡无奇，每一件国宝在承载自身文化的同时，还承载着未来文明的希望。

每一件国宝都单独存在并享有尊严，100 个故事构成了中华文明完美的画卷。

是为序。

马未都

庚子初秋

目录

001

清乾隆·各种釉彩大瓶

故宫博物院藏

扫码听我讲
国宝故事

国宝100，我们先从陶瓷讲起，因为陶瓷是中国人最伟大的发明，今天不仅每一个中国人，甚至每一个地球人都离不开陶瓷。我曾说过一句很重的话：了解了陶瓷的历史，就了解了中国的历史。中国陶瓷浩如烟海，上下五千年，我们先讲哪件陶瓷呢？想来想去，就从瓷母讲起吧！

一说到瓷母，很容易让人想到唐代诗人孟郊的那句诗：“慈母手中线，游子身上衣。临行密密缝，意恐迟迟归。谁言寸草心，报得三春晖。”但此“瓷母”非彼“慈母”，手头没有衣服补。

我们说的这个瓷母是个俗称——瓷器的母亲。这件瓷器是乾隆鼎盛时期创烧的，它集结了十多个陶瓷品种于一身，这在陶瓷烧造中是个特例。我们就从它讲起。

这件国宝现存故宫博物院，在陶瓷馆常年陈列，你去陶瓷馆就能看到它（图1）。以前我在节目里曾经很详尽地介绍过这件瓷器，说这件东西全世界只此一件。当时烧造的目的和今天一样，就是陈设用，充分地表达了乾隆皇帝好大喜功的审美。但以我对中国文化的判断，我认为这东西当时烧造就不可能是一件。你可能会问，怎么就不可能是一件呢？你想，中国自古就有成双成对的概念，这东西凭什么就烧一个呢？再有，这东西历史上非常难烧造，当时是专门给皇上烧造的，如果只烧一个，万一烧坏了怎么办呢？所以当时烧个十个八个备选是十分有可能的。因此我就戏说了一句，这戏言中一定含有道理，我说：还有一件呢，你们谁要有本事、有能力，就满世界去找找。

图 1 瓷母陈设在故宫博物院陶瓷馆文华殿

这件瓷器体量非常大，釉色极为丰富，就是陶瓷专家在它面前也得分析半天才能知道它有多少种装饰手法。作为我们一般人，上前一看就只有一个感觉：这东西真够热闹啊！个儿大，壮观，富丽堂皇！你心里肯定要问：当时不是说故宫的好东西都被南迁了吗？这么重要的东西，怎么还留在宫里呢？它就没离开过宫廷？这事很简单，这件瓷器个儿大，运输极为不方便。瓷器可比不了青铜，运输的时候稍不留神就䃘［cèi］了，所以国宝南迁时大件的瓷器反而都没怎么动，都留在了北京故宫，台北故宫带走的那些都是中小件。

再来解释这件东西为什么叫瓷母呢？是因为它集多种瓷器品种于一身，包括：珐琅彩、洋彩、仿哥釉、青花、金彩、松石绿釉、窑变釉、斗彩、粉青釉、霁蓝釉描金、粉彩、仿官釉、仿永宣青花、珊瑚红釉描金、仿汝釉、酱釉描金彩。

那它都有什么纹饰呢？器身一共有 12 幅吉祥图案，6 幅为写实图案，

图 2 瓷母器身纹饰

有三阳开泰、吉庆有余、丹凤朝阳、太平有象、仙山琼阁、博古九鼎，另外 6 幅为锦地“卍”字、蝙蝠、如意、蟠螭、灵芝、花卉，分别寓意“万”“福”“如意”“辟邪”“长寿”“富贵”（图 2）。

够复杂了吧！也许你会觉得装饰就是麻烦，能有什么难度啊？讲个简单的知识，瓷器烧造分高温釉和低温釉，高温釉大多在 1200 度至 1300 度之间，低温釉一般在八九百度。如果我们非得划出一条界线，这个界线就是 1000 度，1000 度以下算低温釉，以上算高温釉。可即便是低温也比开水烫多了，比油锅都烫！

把高低温各种釉烧于一个瓷器上，最大的问题就是哪个在前面烧，哪个在后面烧。当然是高温先烧、低温后烧，因为先烧了低温再烧高温，低温就会被烧坏。十多种高低温釉在一件瓷器上同时烧造成功的概率其实是非常低的，非常困难。这就有点像你把窝头、馒头、发糕、花卷、包子等放在一屉蒸熟，是不大可能的，因为每种食物熟的时间都不一样，你硬要把它们搁在一起蒸，有可能窝头还没熟，馒头早蒸开了花。同样的道理，瓷器烧造也是这个问题，过去烧造瓷器使用木柴做燃料，很不容易控制炉温。到今天就很容易了，只要插一支温度计，直接从外面就能看见炉子里的温度，这在过去是不可能的，这个过程想想都很困难，就别说把它烧成了。

瓷母究竟是什么时候烧成的呢？就是乾隆时期——我国封建社会的最后一个高峰时期。那它是谁烧的呢？是什么时候进入宫廷的呢？它最初又叫什么名字呢？这些现在都说不清楚，查遍了清宫档案，没有相关的记载，这事有点奇怪。但根据它的状态，我们推测可能跟一个叫唐英的人有直接关系（图 3）。唐英是个督陶官，督陶官就是督造烧窑的官员。唐英有官阶，当时是从五品，相当于我们现在的副局长。清代陶瓷重器基本上都跟他有关，比如转心瓶、套瓶、交泰瓶等。唐英在雍正十三年的《陶成纪事碑》上，记载了他督陶期间，总共仿古、创新了 57 个陶瓷品种，瓷母身上所有的装饰手法，

图 3 唐英

都没出这 57 个品种。关于这个人，我们后面还会详细提到。

瓷母是一个极为通俗的叫法，这个叫法大家都比较容易接受，我们称它“瓷母”，就好比英文“motherland”，把祖国称为“母亲的土地”一样，它只是一个文学的描述，充满了人文情感。而它科学的名字叫“各种釉彩大瓶”，这听着实在没什么感觉，所以我们还愿意叫它瓷母（图 4）。

可以确定的是，瓷母在清代烧造成功以后，从来没有出过宫廷，一直在故宫里陈设。我们今天到故宫陶瓷馆文华殿参观的时候，一进正殿第一展室的大门，看见的第一件瓷器就是瓷母，它被放在最显眼的位置上，可见它的重要性。我第一次看见瓷母的时候，旁边一个人都没有，心里那叫激动啊，眼睛不够使，脑子也不够使，围着它转悠，心里默默地就说了一句：好看啊！然后就词穷了。连我都词穷了，你想它得多好看啊！

我当初戏说了一句：可能还有一件瓷母，结果它真的就出现了。2014 年 9 月 17 号，美国斯金纳拍卖行。其实在它开拍前 3 个月，大家就陆陆续续看到了它拍卖的宣传海报，但普遍都认为那是个假货。因为这些年仿制瓷

图 4 清乾隆 各种釉彩大瓶（瓷母） 故宫博物院藏

母的新货多极了，我就看见过很多大大小小、各种式样的。如果在改革开放前出现，大家对这个事情就不会有怀疑了，可这些年无论出现什么，大家都会说：这是假的吧？因为我们已经被假的东西搞得晕头转向，不管什么东西一出现，首先就是一片打假声。所以大家都在私下说这事儿不大可能啊，这东西这么多年都没有被发现，怎么会突然在国际市场上连创高价、单件拍品上亿的时候，出现这么个东西呢？所以，这东西一开始没人看好，拍卖行被搞得挺郁闷。

其实，没人看好还是有原因的，因为这家拍卖行没名气。过去都说草鞋无号——没名儿。斯金纳拍卖行连我都没有听说过，它在美国波士顿。大家比较熟悉的国际大拍卖行，有苏富比、佳士得，还有一个稍微差一点的叫邦瀚斯。全世界知名的大拍卖行就这三家，都有超过 200 年的历史。如果这些大拍卖行去拍卖这件东西，那相信的人还是会有的，但小拍卖行就没人信了。其实，这东西出现在波士顿还是有点道理的。因为波士顿是美国的发源地，英国人就是从这儿登的岸，所以波士顿最不像美国，最像英国。如果你有机会到波士顿一看就明白了，那里到处都是红砖房，所以这个地方历史上聚集了文化产物，是非常有可能的（图 5）。

图 5 波士顿的红砖房

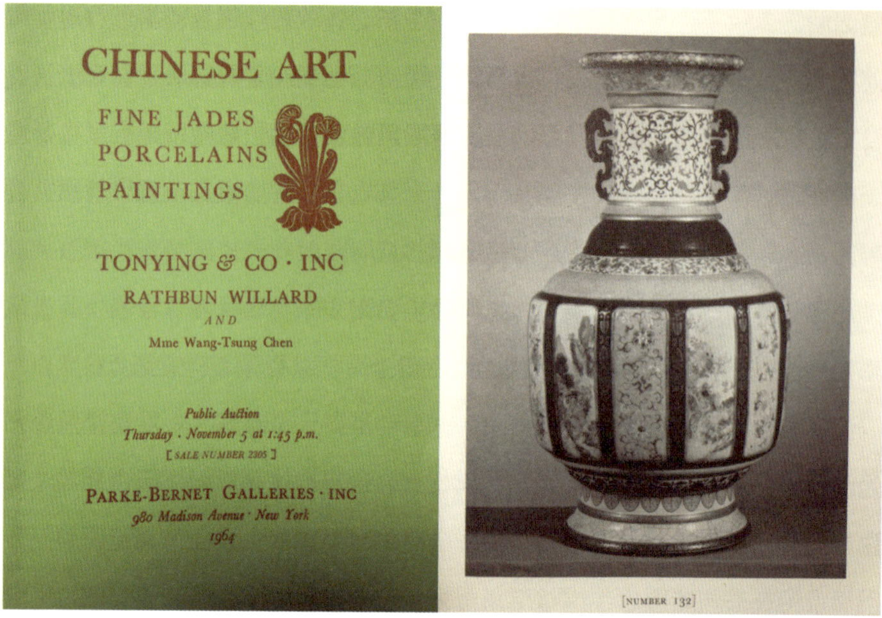

图 6 1964 年的拍卖图册

正当大家在犹疑的时候，这家拍卖行找到了一个重要证据——这件瓷母拍卖过一回（图 6）。那是一份 1964 年的拍卖资料，当时还没有彩色照片，只是一张黑白照片，但这个记录非常清晰，1964 年 11 月 5 日，纽约的通运公司，当时这件瓷母以 3500 美金起拍，没叫两口，就以 4000 美金落锤成交了。1964 年，距这次拍卖的 2014 年整整过去了 50 年。50 年前是没人造假的，那时的中国瓷器不值啥钱，造假都是近 30 年才陆续有的，而造假最凶的就是近十几年。50 年前为什么没人造假呢？后文里我还会慢慢说。

那么这件东西是怎么去的美国呢？没人说得清楚。中国人都讲究偷偷地、悄悄地做生意，所以我们说不清楚，只能推测。通运公司是一个叫张静江的中国人在 1902 年创办的，距今有 100 多年了，当时这家公司只出售古玩，赚了好多钱。张静江是个大财主，他曾经给孙中山的革命以经济支持，被孙中山称为“革命圣人”。孙中山去世后，张静江成为国民党四大元老之一，一

图 7 张静江

年后扶持蒋介石上台。你想想这人得多有钱（图 7）！

张静江成立的通运公司在西方收藏界有着举足轻重的地位，它与卢芹斋的来远公司、日本的山中商会三足鼎立。我们推测这件瓷母应该是在清末民初的时期，趁兵荒马乱时节，流向了美国。

回到 2014 年这场拍卖。斯金纳拍卖行也逐渐知道了这件瓷器的重要性，怕宣传效果不够，开拍前又把这件瓷母运到了纽约，在纽约最富有的地区——曼哈顿进行了宣传预展。有人给我打电话，说快来美国捡漏吧！我说，捡漏的时代已经过去了，今天去了顶多是堵漏，就是让别人捡不到便宜。于是大家纷纷猜测这件瓷母的成交价，开始大家都认为一定是个天价，它应该比鸡缸杯还贵呀！因为这件瓷母拍卖前不久，一件成化斗彩鸡缸杯刚刚以 2.8 亿港币成交，创下了中国陶瓷的新的世界纪录（图 8）。结果呢？这件瓷器的成交价还就没那么贵，以 2200 万美元落锤，加上佣金折合人民币约 1.5 个亿。

价钱没有想象的那么高是什么原因呢？是因为它的品相不是很好。什么叫品相呢？品相不好，就是说这人长得很漂亮，但脸上有一个疤，品相就不

图 8 明成化 斗彩鸡缸杯
2014 年 香港苏富比

好了。这件瓷母至少有一个耳朵是有修补的，瓶子上有 3 处长深的裂纹，行话叫“璺[wèn]”。什么叫“璺”？这字写起来比较复杂，有句歇后语叫“打破砂锅问到底”，这“问”就是谐音，意思就是说把砂锅打破了以后，一条璺一直裂到底。严格一点说，这件瓷母算是一件残器，能卖 1.5 亿人民币，已经算是天价了。

当时拍卖场上一落锤，所有的人都回头，左顾右盼，都问谁买的？没有人知道。可我知道，但我不能说，打死我也不说。

002

唐·昭陵六骏

西安碑林博物馆、美国宾夕法尼亚大学考古与人类学博物馆藏

扫码听我讲
国宝故事

今天讲的这件国宝是石头的，个儿大，非常沉，特别不好运输，但它愣是让人给运走了。运哪儿去了呢？运到了美国。什么时候运的呢？一百年前。这件国宝就是昭陵六骏。

昭陵六骏在哪儿？在今天的陕西省礼泉县。那昭陵是谁的陵墓呢？我想不是每个人都知道的。中国皇帝好几百个呢，你能说出来的就那么几个，有名的皇帝都有谁呢？秦皇汉武、唐宗宋祖。昭陵就是唐太宗李世民和他的皇后的合葬墓（图 1）。

过去皇上的墓有两类，一类藏在深山大漠里让你找不着，另一类就是这

图 1 唐昭陵远眺图

种堂而皇之地立在那儿，比如今天去陕西看到的乾陵——武则天跟高宗李治的墓，包括来北京看到的明十三陵，还有河北的清东陵、清西陵。这种堂而皇之的墓葬，除了埋皇帝的陵墓，还得有宫殿，有长廊，还得有一个建筑群。

昭陵墓旁边本来有一个长廊，这个长廊多少有点像我们过去的光荣榜，把皇帝生前的业绩都写在上面，这青石高浮雕的昭陵六骏就安放在这上面（图2）。大型石雕有圆雕、浮雕两种：单独存在、四周可看的就是圆雕；依附于石头上面凸起的叫浮雕。昭陵六骏是中国文物史上最有名的浮雕。六骏是六匹马，它是有原型的，是唐太宗李世民最喜爱的六匹战马，是辅佐他爹高祖李渊平定四海建国立邦时所乘的坐骑。

这六匹坐骑都有大名，分别是：飒露紫（图3）、拳毛騧（图4）、白蹄乌（图5）、特勒骠（图6）、青骓（图7）、什伐赤（图8）。过去我们听说书的老说乌骓马，比如《西汉演义》楚霸王骑的坐骑，这个是青骓马。你听这些名字起得都特洋，一听就是外来的，其实这真没什么洋的。

飒露紫、白蹄乌、特勒骠、青骓、什伐赤说的都是颜色。

图2 昭陵六骏旧照

图 3 唐代 昭陵六骏之飒露紫
美国宾夕法尼亚大学考古与人类学博物馆藏

图 6 唐代 昭陵六骏之特勒骠
西安碑林博物馆藏

图 4 唐代 昭陵六骏之拳毛騧
美国宾夕法尼亚大学考古与人类学博物馆藏

图 7 唐代 昭陵六骏之青骓
西安碑林博物馆藏

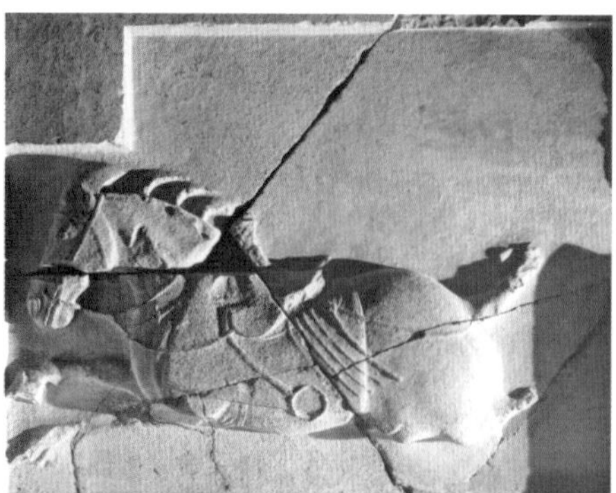

图 5 唐代 昭陵六骏之白蹄乌
西安碑林博物馆藏

图 8 唐代 昭陵六骏之什伐赤
西安碑林博物馆藏

飒露紫这个紫，其实就是咖色，我们观复猫里有一只猫叫孟大咖，就是咖色。白蹄乌，这马是黑的，就四个蹄子是白的，我们还有只猫叫李对称，就是黑猫穿着白拖鞋。然后就是青骓，骓本身就是青白杂色的马。再有就是特勒骠，这骠就是毛色黄里透白的马。至于什伐赤，不用问，这马是枣红马。

这跟你们家现在起的名字是一个路子，你们家的猫啊狗啊不就叫黑黑、黄黄、白白、花花吗？这些都是在表达颜色，只不过李世民的马名，比你们家的猫狗名起得洋。

这拳毛騧是一个特例，它的毛发是一个一个打着旋儿的。

这些名字有的是从突厥语来的，当时翻译的是高人，符合今天翻译的最高标准，叫信、达、雅。比如特勒、什伐这些都是突厥的官职名，后面再加上个颜色。翻译的信、达、雅，最典型的例子就是奔驰车，我年轻的时候奔驰叫“本茨”，后来才改叫奔驰。广告界公认翻译最好的商品名字是“可口可乐”，其实最开始它被翻译成“蝌蝌啃蜡”，你听听，你还想喝吗？

李世民当时多重视这马呢？贞观十年（公元 636 年）李世民下诏，命当时的大画家阎立本先画出六骏。你现在在市面上看见的阎立本的画可都是假画啊，甭打开，一听就知道是后人伪托的。阎立本是唐代首屈一指的大画家，但无一真迹存世。

阎立本画完这六骏以后，唐太宗就命令工匠把它雕出来。有多大呢？高有一米七——跟我差不多，宽两米，厚一尺有余，有好几吨重。

李世民还嫌这样不够庄重，亲自赋诗 6 首，一匹马一首诗。李世民的诗写得很好，比乾隆皇上写得可好多了，《全唐诗》里还有他的诗呢。李世民写了《六马赞》，还找欧阳询给誊抄下来。欧阳询写过最重要的五个大字，你们有机会一定要看看，那就是我们的“观复博物馆”（图 9）。本馆建设之初，我不愿意找任何人题字，我觉得谁写也写不过古人，找来找去，就在欧阳询的法帖里集了这五个字——“观复博物馆”。

图 9 观复博物馆匾额

你们如果看昭陵六骏，就会发现这六骏一共中了 20 箭：青骓 5 箭，什伐赤 5 箭，飒露紫 1 箭，拳毛騧 9 箭。中箭最多的就是拳毛騧，前面中了六箭，后面中了三箭，身上那一个旋儿一个旋儿的都快成靶心了。杜甫有句诗，叫“昔日太宗拳毛騧，近时郭家狮子花”，郭家就是郭子仪——唐代大将，狮子花就是这种马身上的毛打着旋儿的，像菊花似的。

飒露紫是六骏中唯一旁边站着人的。这人叫丘行恭，他正低头给马拔箭。丘行恭的故事在《旧唐书》里是有记载的：李世民在洛阳邙山与王世充的交战中遭到围追堵截，李世民当年年少气盛，孤身一人被围，他的坐骑飒露紫一箭被射中前胸，丘行恭随即翻身下马，把自己的坐骑让给李世民，两人拼死杀出重围。此画面是丘行恭为“飒露紫”拔箭之前的瞬间。箭拔出之后，“飒露紫”就倒下了，情景悲壮啊！所以，李世民特许丘行恭入画，成为六骏中唯一带有人物的一幅。

昭陵六骏在昭陵一待就是将近 1300 年，后来就出事儿了。1911 年，中国封建帝制社会崩盘了，兵荒马乱。袁世凯任临时大总统后授予一个叫张云山的陆军中将头衔，这人就开始嘚瑟，他是陕西的军政要员，他说：“嘿！昭陵这长廊破败不堪，但这六匹骏马还挺好，弄到我这都督府不是一挺好的事儿吗？”他就先挑了两匹状态最好的马——飒露紫和拳毛騧，拉到了他们家的府邸。

结果没两年，地方势力洗牌，袁世凯又把张云山给抹了，派了陆建章来做陕西将军，张云山费劲巴拉地弄来的二骏就落在了陆建章手里。

花开两朵，各表一枝。

那年秋天，美国宾夕法尼亚大学考古与人类学博物馆的东方部接受了一笔赞助款。大家可能光听说过哈佛、耶鲁、斯坦福，其实宾大非常厉害，它在费城，费城可是以前美国的首都，后来才迁都至华盛顿。

宾大派了一个叫毕世博的美国人来中国调查文物——“调查”是一个好听的词儿，实际上就是来找点儿中国文物。美国在100年前特别喜欢中国文物，大都会博物馆、波士顿博物馆，包括宾大的博物馆都是在那个年月收集了大量的中国文物。

毕世博曾经看过一个欧洲人编的《世界名马图》，里面收录了六骏之一的“飒露紫”，幸好没全都收录。他一看那照片俩眼就放光，心说怎么才能把这东西弄到手？

然后毕世博就跑到了北京，找到了一个叫赵鹤舫的古董商。这个古董商跟袁世凯的二少爷袁克文打得火热（图10），他很贼，一看毕世博是个大买家，就带他一起出入青楼，花天酒地。这美国人玩疯了，有点乐不思蜀，但是他还知道自个儿身上带着任务呢，就问这古董商，说：“来，我跟你打听个事儿。有匹马叫‘飒露紫’，你知道不知道？”这古董商一听直犯蒙，说：“我真不知道这是什么，但我可以给您打听去。”结果三打听两打听，这飒露紫和拳毛騧就给打听出来了，在哪儿呢？在西安陆建章的府邸。

那究竟这飒露紫和拳毛騧怎么从西安运到北京的呢？说法很多。

第一个说法是卢芹斋说的，他说1915年袁世凯下令移至北京（图11）。说是袁世凯下令，这事儿就跟他没关系了，他就是一个干活儿的，这卢芹斋肯定是想择清楚自己。卢芹斋，新中国刚成立的时候说他是一个文物大盗，而袁世凯又是一个粗人，他根本就不好这事儿，他老说“这古玩有什么稀奇的，将来我用的东西都是古玩”，可见卢芹斋说的不怎么靠谱。

图 10 袁克文

图 11 卢芹斋

还有一种说法，古董商赵鹤舫是受袁世凯二公子袁克文的委托，是他给搞到北京的。

再有一个说法和前一个贴近，就是说古董商赵鹤舫主动要求为袁世凯修花园，献奇花异草、怪石古树，他怕路上出事儿，就从袁克文那儿搞了一个封条，什么封条呢？实际上就是一通行证，往上边一贴，地方官吏和小土匪一看，说这是大土匪的，就不敢动了，所以就一路畅通运到了北京。

当时美国人毕世博并没有能力把这东西运出国，最后古董商赵鹤舫把这二骏卖给了卢芹斋。

卢芹斋、戴润斋、仇炎之的抗希斋，是清末民国时期西方人眼中最大的三个古董商，这仨人过去都被定性为文物大盗。卢芹斋是湖州人，戴润斋是无锡人，仇炎之是苏州人，这仨人都是今天长三角地区的。长三角地区经济发达，这一地区的人脑子灵活，又肯吃苦，还能冒风险。他们在民国时期跟外国人做古董生意都发了大财，新中国成立后没人敢回来。

比如前面提到的卖了 2.8 亿的那个鸡缸杯，就是仇炎之的。

2011 年苏富比拍卖了一件戴润斋的旧藏——乾隆时期的描金粉彩壶，当时这东西是残的，还卖出了 1800 多万美金的高价，说起来也过亿了（图 12）。

1916 年，宾夕法尼亚大学新建的博物馆落成，宾大希望把昭陵六骏作为重要陈设。毕世博知道了飒露紫和拳毛騧的下落，就建议馆长高登联系卢芹斋。1918 年，二骏被运到了费城，拳毛騧和飒露紫抵达费城距今整整 100 年，我们听着心里好沉重啊！

卢芹斋这人长得鹰鼻鹞眼的，你看他那长相就知道，他猛一看不大像中国人，像个混血。他把这二骏——拳毛騧和飒露紫，先借给宾大展览，然后翻过来又向宾大借钱。宾大博物馆一撇嘴就不借他，美国人是这样，面子是面子，里子归里子。

这时候波士顿博物馆的代表前来参观庆贺，一下子看上了这二骏，这就给了卢芹斋机会。卢芹斋立刻就拿这事儿要挟宾大。卢芹斋很贼，波士顿博

图 12 清乾隆 描金印花粉彩壶
2011 年 纽约苏富比

物馆对二骏都感兴趣，但卢芹斋特地跟宾大说波士顿博物馆只想要其中一个。他没有把话说死，给自己留了一点活口。如果他说，波士顿博物馆就想要二骏，宾大一赌气说那你都给他吧，他这一下就把话说死了，没退路了。如果他说要一个呢？宾大说那你就给他一个吧，他可以说我不是这个意思啊，我不想把这么好的东西拆开。他总是得有话可说。

所以卢芹斋就跟宾大博物馆说："贵馆能否放弃其中之一，把它让给波士顿博物馆？"他说，"我缺钱呐，他们对我有帮助啊。"

结果宾大博物馆果然中了招，表示说要买就买两骏，说我这儿正展着呐，就不再让出去了。卢芹斋借机就开了一个高价——15 万美金。这钱你今儿听着不算什么大钱，今天这钱在北京二环路边上连一套房子都买不起，可这钱在 100 年前的北京，差不多能买半个城！

宾大一听这价钱要得是真高，卢芹斋就知道这价要开得恰到好处，什么叫恰到好处呢？就是让你铆足了劲儿，能够将将够得着，这就叫恰到好处。如果你开一天价，这价钱我都够不着，我就彻底放弃了，说你这价太高，算了，你拿回去吧。

所以宾大博物馆就到处找富商，他们找到了一个富商，叫约翰逊。这富商就说："得了，我捐给你们 15 万。" 宾大也挺贼，拿着这 15 万又跟卢芹斋讨价还价，最后以 12.5 万美金成交。这二骏——飒露紫和拳毛騧，就陈列在宾大博物馆入口的一侧，展柜下写着一行小字，叫"约翰逊先生捐赠"。

昭陵六骏中的二骏抵达美国以后，还剩下四骏。毕世博贪心不足，又跑到中国来了。但中国的世事变化快呀，陕西都督又换人了，换成了陈树藩。毕世博又联手古董商赵鹤舫，在 1918 年初夏的一个夜晚，把另外四骏搁马车上盗走了。

但他们忽略了一件事儿，就是拳毛騧和飒露紫离开昭陵以后，周围的老百姓都不干了。你想，六骏在这儿都呆了 1300 年了，周围的老百姓自打生

图 13 陈设在西安碑林博物馆西安石刻艺术室里的昭陵六骏

下来就看这东西，这东西没了，心里空落落的。说你们拿走了俩，回来再拿这四个，肯定不成！

于是这些盗贼就被盯上了，当时的乡绅和民众就集合起来拿着家伙追赶，那时候的马车再快也没多快，于是很快就追上了。追上以后发现这四件石马已经被毕士博等人打成碎块装箱了。因为整块太大，太重，没法装运，所以就打碎了，太可惜了。陕西督军陈树藩命人将四骏追回，先运回了陕西图书馆保存。

这就又搁了几十年，1953 年，陕西省博物馆——也就是今天的西安碑林博物馆成立的时候，接收了这四件石刻，进行了拼合修复陈列（图 13）。前些日子我还去了西安碑林博物馆，又看到了剩余的这四骏，另外两骏是复制品，再想想这故事，心里真是百感交集。

六骏能不能聚首，是我们现在最关心的一个事儿。这事儿不是今天才受到关注，当年辛亥革命的元老、陕西三原人于右任老先生任陕西救国军总司令的时候，得知六骏惨遭厄运，曾痛心疾首地赋诗道："六骏失群图尚在，追怀名迹感无穷……"

图 14 我在美国宾夕法尼亚大学考古与人类学博物馆与昭陵六骏的合影

1972 年，中美关系解冻。当时的美国国务卿基辛格访华前，想向中国示好，就向美国的一些名流智库征求意见，说送点什么礼品给中国最好啊？据说当时杨振宁曾建议说你最好把那昭陵六骏中的这两骏运回中国，这礼物就算够格。但这事儿太难成了。

宾夕法尼亚大学考古与人类学博物馆我去过三次，每次间隔的时间大概都是七八年、十来年。当你站在中国唐代最重要的文物——李世民骑过的两匹战马雕塑面前，每次都会感慨世事炎凉，岁月如梭（图 14）。

这故事，从李世民打江山到今天已经 1400 年了。1400 年听着没啥感觉，但我们可以设想一下，从今天这个节点往后想，1400 年以后会是什么样子呢？那一年是 3418 年。

003

西汉·皇后之玺

陕西历史博物馆藏

扫码听我讲
国宝故事

这个故事有点儿传奇，发生在 1968 年，距今正好 50 年。陕西咸阳有个韩家湾，那年有个 13 岁的初中生，他年纪跟我一般儿大，1968 年我也 13 岁。

这一天，这个初中生放学回家——你知道半大小子走路都不老实，他就边走边踢，见什么踢什么，突然在水渠边上发现一枚发亮的白色小石头，方方的，他捡起来一看，这东西有点儿奇怪，就顺手塞进了书包。回家以后想起来，就掏出来给他爹看。他爹一看，说："这是一枚印章！"中国的印章好认，因为上面有字儿。那印上有四个字，其中两个字他爹认得，说："这俩字叫'皇司'。"剩下那俩字他就不认得了。他爹觉着这东西可能是件文物，第二天就领着儿子去上交。

陕西人的文物意识都重。为什么呢？因为陕西是文物大省啊，文物太多，

图 1 西汉 皇后之玺
陕西历史博物馆藏

汉唐以来的重要陵墓大多都在这个地方。这印章怎么这么容易让这初中生走着走着就给踢出来了呢？因为它没有被深埋呀。我们推测——只是个推测，在清末民国的时候，有个墓葬曾经被盗掘，这印呢，就是盗墓的人从墓里带出来的时候不小心又掉了。幸亏这是1968年捡到的，这要是到了1998年再捡到，估计行内专家都基本上不会认这件东西。

当这爷儿俩把这东西拿到博物馆的时候，博物馆的人说，这东西可不是石头，是玉，是新疆的和田羊脂玉。上面趴着的这动物，叫螭虎（图1）。

汉印一般有两种：一种是素印，上头什么都没有（图2）；另外一种上面有个兽钮，有装饰（图3）。再往下一看印文，工作人员说："这字写的不是什么'皇司'啊，你不认得，这东西可不得了了，上面这四个字写的是'皇后之玺'。"

我们大部分人直接看印章都不大会看，为什么呢？因为这上面的字都是反着的。你如果不会看，一个简单的方法就是蘸点印泥，找一张纸，往上一盖，这字儿就正过来了。如果你找不到印泥和纸，我告诉你一个简单的方法也能看：找一面镜子，把这东西冲镜子里一照，你看那镜子里的字儿，这字儿就正了。你想啊，这"司"字反过来，就是这"后"字。这有一个专业术语，叫"镜像"。

图2 汉代 玉覆斗钮印 故宫博物院藏

图3 汉代 铜驼钮印 故宫博物院藏

不用问，这印章肯定是皇后用的，而不是妃子或贵人用的。那问题来了，它是哪个皇后的呢？不知道。你看看这方印离谁的墓葬最近呢？它出土的地点，在刘邦与吕后的陵墓的西边，不到 1 千米，我们平时散步，一小时能走大约 4 千米，这个距离走着也就十几分钟。此地还没有出皇家陵园（过去的皇家陵园大呀），所以文物的指向很清晰。

我们再看这个印的形制，它就是个方形，式样也比较简单，字数呢，也都与文献记载相符。最终，所有的专家一致认定，这就是吕后之印！虽然这不是在吕后墓葬里直接出土的，但至今，这方印是吕后的不存在任何争议。前段时间闹得沸沸扬扬的海昏侯墓葬出土了印玺后，才确定了墓主人是刘贺，可见印玺在出土文物中的重要性（图 4）。

这父子俩交上去后，没要报酬，但博物馆的领导还是决定奖励他们 20 块钱，这父子俩挺高兴，把东西一放，就回去了。

这事儿后来就变得特别重要。这方印成了陕西历史博物馆多件镇馆之宝中的一宝。你说这么小的一方印，它怎么就成了镇馆之宝了呢？

汉唐两代，我们可以确定为皇帝印玺的，一个都没有。而能够确认为皇后印玺的，只此一方。那你说了，广州南越王墓出土过“文帝行玺”呀？这“文帝”虽称皇帝，但有僭越之嫌。这个，我们后面的故事中还会涉及（图 5）。

查阅一下古代文献，你会发现《汉官旧仪》上有这样的记载，说“皇后

图 4 西汉 “刘贺”玉印 江西省博物馆藏

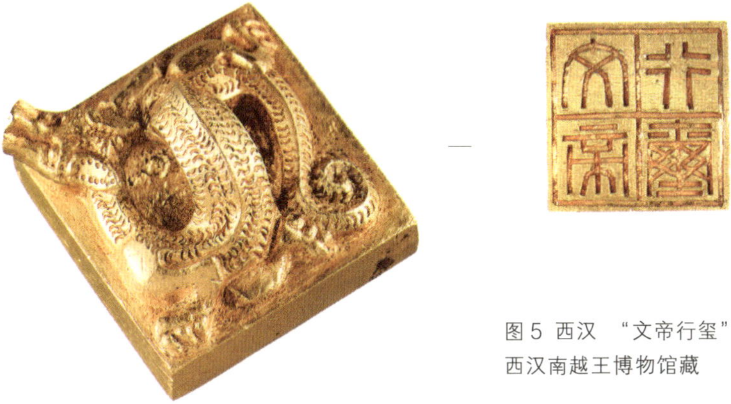

图 5 西汉 “文帝行玺”金印
西汉南越王博物馆藏

玉玺，文与帝同；皇后之玺，金螭虎纽”，你看在汉代，皇上和皇后平起平坐，王与妃也平起平坐。比如河北满城汉墓中夫妻俩的墓葬出土的东西数量、质量都差不太多。

此方印虽然不是皇上的，是皇后的也成啊，况且是吕后。西汉女人的地位高，讲究平起平坐，看到吕后的印章，那刘邦的制式也应该差不太多。没准儿将来，谁再去那地方踢两脚，备不住也能踢出个汉高祖刘邦的印来。

刘邦的皇后就是吕后。她姓吕名雉——雉鸡的雉。雉鸡，就是野鸡。野鸡比家鸡漂亮多了，漂亮到什么程度呢？就是特漂亮。我们现在觉得拿野鸡当人名不好听，但古人可没这忌讳，古人认为雉鸡好看得不得了。

吕雉本来随他爹吕公住在今天的山东单县，后来因躲避仇家，迁居到江苏的沛县。吕公跟沛县县令关系好，要不然他也不会迁到那儿去。听说县令有重要的客人要来，沛县有本事的人就纷纷前去祝贺。祝贺什么呢？祝贺吕家乔迁之喜。我在这里补充个小知识点，为什么说“乔迁”呢？植物中有两种树木，一种叫乔木，一种叫灌木。乔木高大，人往高处走，所以叫乔迁。您要是从王府搬到棚户区，那您就不叫乔迁，叫“灌迁”，当然也没这么说的，那叫落魄，北京话叫“落排”了。

负责欢迎吕公一家宴会的这个人，叫萧何，就是“萧何月下追韩信”的那个萧何，很有名。他是沛县县衙的主吏，相当于县长的大秘。萧何负责排定宾客的座次，他叫手下的人把贺礼不到一千铜钱的人都安排在堂下。这做法古今都是一样的——势利，给钱多的往前排，给钱少的往后排。

匆忙间，就见一个人走过来，胡乱地填上了一个“贺钱一万”，这可是一笔大数目。但是他根本没钱，就打一白条。打白条今天有个专业的词叫“内收”。你今天去农村，各种红白喜事，乡里乡亲的都要送礼，送礼的时候一定要唱收，唱收是让所有人都听见。比如客人一来，唱收的就说：“张三，礼金1000！”“李四，礼金500！”到了王五这儿，就说：“王五，内收礼金500！”我原来不明白，什么叫内收啊？人家告诉我，就是没钱，先欠着，打一白条。我过去以为这种事儿是近些年才有的，敢情汉代就有。

这人谁啊？他是县里的一个小官——亭长，如果非得找一个今天的官职，就相当于今天乡镇的治安队长，他叫刘邦。你别看刘邦官小，他还看不上沛县的上级官吏呢，一副七个不服八个不忿的样子。

刘邦因为奉贺礼一万钱，就被引入上席，与吕公同坐。你看，人家打一白条，能与吕公同坐。吕公这人会看相啊，一看他面相不凡，两人便谈得甚欢。萧何看到了，就借机悄悄地告诉吕公，说这刘邦就会吹牛说大话，成不了大事儿。可见，当年身居高位的萧何根本就没有把刘邦放在眼里。但吕公却不以为然，一边聊天，一边观察刘邦。

宴会的过程中，吕公就打定了主意，他对刘邦说：“我是很会看相的，但从来没见过你这么相貌不凡的，你是拥有异相的人。这么着吧，我有一个女儿，叫吕雉，希望把我的女儿嫁给你为妻。”吕雉当年不到二十岁，正值青春，而刘邦比她大15岁，还有一个非婚生的儿子，叫刘肥。刘邦心说：这是哪儿来的好事啊？立刻就满口答应下来，乐不可支。

吕公回家以后，他妻子很生气，说：“你以前说这女儿很有富贵之命，一定要嫁个好丈夫。沛县县令对你这么好，你都不肯把女儿嫁给他，居然嫁给一个小小的亭长刘邦？”吕公说：“妇人之见！这可不是你们妇道人家能明白的事儿。”不久，吕公就把女儿吕雉嫁给了刘邦。

你看人家吕公，后来成为吕太公。人家这眼睛是眼睛，咱这眼睛就是眼镜，跟吕公一比，我们的眼睛就是一副眼镜，没功能。

吕公的女儿吕雉，就是后来的吕后，为刘邦生下一儿一女，就是后来的汉惠帝刘盈和鲁元公主。后来的事儿不用我说了，你们都知道，这两位在历史上有多重要。刘邦称帝后，不断平灭造反的藩王，没享受多久就去世了。吕后接着控制政权长达15年。《史记》有《吕太后本纪》，是全书唯一一篇单独为女性做的传记，可见吕后的重要性。

开国皇帝刘邦的印，目前还没有找到，但开国皇后吕雉的印找到了，这对我们了解当时的印章制式有非常大的帮助。这下你知道这玉印有多重要了吧？

我们的古人为什么要用玉来做印呢？是因为它有不可逆的特性。古人以玉为信，比如我们老说“天降祥瑞”，《说文解字》解释这“瑞”字，就是“以玉为信也”。这个“瑞”字就是个斜玉边嘛，就是一种作为凭信的玉器。天降祥瑞就是上天遵守承诺。

做印的材料后来很多，金银铜铁锡，竹木牙角漆，都可以用来做印。但为什么重要的印要用玉做呢？因为玉刻成了以后就不能更改。不能改，就表示不变嘛！其他的材质，你比如说，我做一铜的，它可以融化了重新铸啊，玉就不成，玉你刻了它以后，它就有石性，任何一方玉印你重新再刻的时候，石性表现得也完全不一样。

那么，历史上最牛的玉印是哪一枚呢？就是秦始皇的传国玉玺。我们现在除了在电视剧中偶尔能看见，跟肥皂块儿似的那个，而真正的我们已经看不到了。传国玉玺，简称传国玺，相传是奉秦始皇之命用和氏璧雕刻而成，正面刻着秦代丞相李斯所书“受命于天，既寿永昌”八个篆字。这是中国历代正统皇帝的凭证，但后来却失传了，何时丢的都说不清楚。

后世的印章就开始越做越大。为什么做得越来越大呢？因为皇家用厚重赋予了印章以威严性。我们能看到的最早的帝后印章，就是这枚“皇后之玺”了。它特别小，小到什么程度呢？边长只有 2.8 厘米，重 33 克。而乾隆时期最大的印章有多大呢？边长有 20 多厘米，一个印章的面积是汉代这枚章的 50 倍（图 6）！

为什么“皇后之玺”这么小呢？这是因为当时跟现在不同，过去对印章的含义认识不深，使用也仅限于功能性，所以印章小就便于携带。你看战国时期一个叫苏秦的人，身挂六国相印，如果都是乾隆年间的大印玺，那挂在他身上连动都不利索。

战国、秦汉时期，印还有保密作用，所以也不能做得太大。比如，我们现在的文件都有加密功能，没有密码就解不开。战国、秦汉时期，纸还没有发明呢，当时的书籍、公文、信件都是写在木牍、竹简或帛书上（图 7）。

图 6 清乾隆 太上皇帝之宝 故宫博物院藏 面 22.5 厘米见方

图 7 西汉 阳朔二年悬泉置传车亶兴薄
甘肃省文物考古研究所藏

有些公文、信件在传递的时候需要保密，那怎么办呢？就用丝绳把简牍或帛书捆扎起来，打上结，然后用一块软泥将绳结封住，再在软泥上盖下印纹。这样，重要的简牍或帛书在传递过程中，信使就无法，也不敢私拆偷窥。这个东西叫封泥，有的博物馆里就有展出（图 8）。

刘邦虽是汉代开国的帝王，但在一般人心目中对他的印象好像还比不过汉武帝。我们一说就是“秦皇汉武”，这是什么原因呢？首先是刘邦在位时间太短，只有七年，武帝在位时间多长啊？五十四年。中国历史上在位时间超过五十四年的帝王也就三位，除了清代的康熙、乾隆，辽代有个道宗叫耶律洪基，在位五十六年。超过汉武帝的就这三位。

第二个原因，武帝平定了四海，打败了匈奴，疆域扩大。虽然汉代是刘邦建立的，但是真正实现大一统中央集权的统治是从汉武帝开始的。所以我们一说就是“秦皇汉武”。

图 8 西汉 “杜陵令印”封泥
陕西省考古研究院藏

那么，印章是什么时候出现的呢？目前没有定论。但最早的应用应该是在商业交流中开始的。现在可见最早的印，大概就是战国时期的。秦始皇统一中国以后，规定皇帝用的印叫“玺”；臣子、官吏用的印，那才叫“印”。汉代又有规定，将帅使用的印，叫“章”。到了唐代，武则天又把玺称为“宝”。唐代有两个改动，都跟“宝”相关：一个是把钱的计重制改为宝钱制——“开元通宝”；第二呢，就是印，由“玺”改为了“宝”。后来宝、玺并用，一直延续到清朝。你看清朝有“乾隆御览之宝”，有“三希堂精鉴玺”——宝、玺并用。那老百姓的那个章叫什么呢？叫“戳子”。过去领个钱物什么的，常说“盖个戳儿”吧！

时至今天，中国人对印章依然有情结和信任感。过去我们领工资时都得盖章，签名不管用。你看现在重大的文件，都需要盖章，很多合同上都会有这样一句，叫“盖章有效”，这就是我们中国人对印章最重要的记忆。

皇后之玺是距今两千多年的印章，今日重现，实属不易。它不仅是陕西历史博物馆的镇馆之宝，还是中国人以玉取信的物证。

004

清康熙·紫檀三弯腿画桌

观复博物馆藏

今儿说的是一件国宝级的家具。这件家具现藏观复博物馆，是一件紫檀雕螭龙纹的大画桌（图1）。这画桌有一个特点，就是宽，天下第一宽！它制作于300年前，大约是清代康熙年间。这么宽的桌子，故宫都没有，其他博物馆也没有，私人收藏也没有发现。

你会说了：“这宽有什么大不了的呀？我们家的桌子就比你这个宽。”但我告诉你，你们家的桌子那是新做的，新做的家具没什么规制，想怎么来就怎么来。

什么叫规制？就是规定的制法。以前中国的桌子有三个简单的区分：窄的叫条桌、一般宽的叫书桌、特别宽的叫画桌。那多窄算窄呢？按照过去的

图1 清康熙 紫檀三弯腿画桌 观复博物馆藏 宽96厘米

图 2 清中期 紫檀雕西洋花纹条桌 故宫博物院藏 宽 40.5 厘米

说法，一尺半以下的叫条桌（图2），一尺半以上到两尺的都称为书桌（图3），超过两尺的就是画桌了。古人的尺是小尺，汉唐宋元明清略有不同，换算成今天的尺寸，一尺约为 30 厘米。

过去民国时期，古董行特别讲究，条桌因为是陈设用的，平时靠边站，所以特别便宜；书桌是有使用功能的，读书、写字，所以它的价格就会高一点；而画桌算奢侈品，奢侈品就理应贵。那它的界限在哪儿呢？在两尺。过去买家具，上来就量宽度，不量长度，不够两尺，这价格就上不去。你说我这桌子差不了多少，不就差一寸吗？我告诉你，差半寸这价格也上不去，这就叫规制。规制我们现在都不大在意了，过去讲究，宋代以后盖房子有一本书可以依照，叫《营造法式》。什么叫法式呢？这和我们今天说的法律意思差不多。法律，法是标准，律是规矩，谁都不能胡来。现在的家具，你到家具市场一看，基本上都没有什么法式。

有人会说你这桌子没什么了不起，浙江省博物馆那张紫檀四面平螭纹画

图 3 清中期 紫檀雕西洋花纹书桌 故宫博物院藏 宽 59 厘米

图 4 清代 紫檀四面平螭纹画桌 浙江省博物馆藏 宽 86.5 厘米

桌也宽。对喽，它也宽，但我告诉你，那张比我们这张窄 10 厘米（图 4）。所以这张画桌以宽而论，叫“天下第一桌”。

为什么我们这件画桌非常重要呢？因为它是用紫檀做的。有一句行话叫“十檀九空”，紫檀这木头长得慢，长到了一定年头它里头一定是空的，这中间一空，它就不出材，不出材，它就珍贵，所以紫檀到今天还是论斤买卖。我们过去见到紫檀的料，最粗的也就 20 多厘米，但这件桌子上的拼板，每块都在 30 厘米以上，由此可见当年这材料的珍贵程度。

家具做面板的材料必须是二标，即木头去皮后最好的位置。芯材不好，极易开裂。简单地说，就是圆材取方后的第一层位置，周三径一，方五斜七，30 厘米的板料，木材的直径就得过 45 厘米。

过去你要看张紫檀桌子，人家就告诉你，这桌子六拼、八拼，你一听就是紫檀，可这桌子三拼，说明什么呢？说明它的珍贵程度。紫檀大料难得，行内已经是共识，所有的硬木当中，紫檀质地最为致密，变形小，非常难得。紫檀还特别适合雕刻，它有一大特征叫“横向受刀不阻”，什么意思呢？你

紫檀纹理细节

们了解竹子吧？竹子竖着一劈，叫“势如破竹”，但如果横着一劈，你试试，切断一根竹子，你就费大劲了。但紫檀就不一样，你横向走刀、纵向走刀，它受力是一模一样的，所以紫檀就能雕刻出非常圆润的效果。

那它为什么叫紫檀呢？你有时候看这家具黑了吧唧的，它为什么叫紫檀呢？是因为这种木料最开始剖开它的时候呈紫红色，时间久了逐渐加深，色深如漆，非常沉静讨喜。过去紫檀也分很多种，比如金星紫檀、牛毛紫檀、鸡血紫檀，但我们这张画桌是牛血紫檀。牛血紫檀是紫檀中非常少见的品种，比金星紫檀还少，我们今天弄个金星紫檀的手串都爱不释手，何况这么大一张桌子呢？

什么事儿我们都想知道个前世今生，但这紫檀画桌的前世，我是实在不知道。中国近代史非常动荡，中国人又不爱记录，不像西方人什么事儿都记一个档案，所以我们真不知道它的前世，只知道它的今生。

我第一次看见这桌子是30多年前。香港有个著名的导演叫李翰祥(图5)。现在这一代人可能都不熟悉他了，他去世多年，但说他是梁家辉的伯乐，大

图5 香港电影导演李翰祥

家估计还有点感觉。他拍过什么呢？拍过《梁山伯与祝英台》，拍过《火烧圆明园》《垂帘听政》等电影。

在 1982 至 1983 年期间，李翰祥跑到北京来拍《火烧圆明园》和《垂帘听政》。拍电影少不了找些老家具做道具，今天的道具都是假的，而当年的道具都是真实的，他就经别人介绍找到了我。当时我年轻，腿儿勤，哪儿都愿意跑，所以我就带着李翰祥导演到处乱窜。

我带他上哪儿找道具呢？先去信托商店找。北京现在已经没有信托商店了，我年轻的时候四九城都有（图 6）。所谓信托商店就是“寄售商店”，那时家里有个没用的东西就跑这里来寄售，在上海叫调剂商店。当时这种商店里方桌特别多，我记得特别清楚，最早的时候，很长一段时间方桌都是 8 块钱一个，听着便宜吧？你现在眼珠子都快努出来了吧？ 8 块钱一个紫檀方桌，一个黄花梨方桌，现在听着跟天方夜谭似的。当时为什么方桌多呢？因为方桌占地儿，没有人愿意买。那时候老百姓的住宅非常紧张，面积小，最受欢迎的家具都是折叠桌、折叠椅。我记得清清楚楚，我结婚那年，折叠椅软包的是 35 块钱一把，一对 70。那时候红木方桌连太师椅一套才 60 块钱。你想想当年的硬木家具多不值钱啊！

图 6 信托商店

信托商店的家具时多时少，饥一顿饱一顿的，满足不了李导的需求，我就又带他去了北京硬木家具厂，那里存放了很多硬木家具。硬木家具厂是专卖老家具的，红木家具可以卖，黄花梨、紫檀家具不能卖，也没人买，又不让出口。所以他们有个巨大的库房，那库房有多大呢？就是特别大，一仰头有十多米高，四周都是破败不堪的窗户，我记得进去的时候是冬天，阳光斜射进来，让里头变得非常诡异。

方桌不是占地儿吗？他们库房发明了一种摆放方法，让人十分震撼，就是把那些方桌每一个错位大概15度套在上面，一个套一个，呈螺旋状上升，这有点像我们现在书店里摆的畅销书，摆得跟旋转楼梯一样。我就仰着脖子看，个个儿好看，一直看到眼睛发花，脑袋发胀，雕花紫檀的、全素黄花梨的，出了门还得回味半天。

但那时这个硬木家具厂特别不景气，它主要的功能是拿老家具改新活。改什么活呢？就是找来那种大方桌，把腿卸下来改成胡琴杆，做乐器用，小料干吗用呢？都改做成算盘珠子。我们今天都使用计算器了，当时记账都打算盘，所以当时的家具凡是素的全被改装了。这件紫檀大画桌牙板满雕龙，腿是三弯腿，它不出料啊，所以就保全了性命。我指着这大画桌对李翰祥导演说：这不错啊！他立刻就喜欢上了。这画桌牙板曲线极为漂亮，绦环板特别大，满雕螭龙。腿是三弯腿，三弯腿是受西洋影响的，中国早年并不看好三弯腿，所以不流行，就像我们说这孩子站没站相，一站三道弯，但外国人喜欢。这种曲线的表达，是康熙时期接受外来文化的一个标志，因此，这件桌子就显得尤为重要。

李翰祥导演想买这张桌子，硬木家具厂说，这桌子你买是能买，但我们有言在先，你可不能出口啊！李翰祥导演说，不出口就不出口。剩下的事就是价格了，当年硬木家具厂是看上了李翰祥导演有钱，所以开价极高，这张桌子开价4000块钱。4000块钱，今天听着不就是吃顿饭的钱、买瓶好酒的钱吗？可在当年是不得了的钱。当年正好是改革开放初期，人人争当万元户，这 4000 块钱在北京能买套房子，现在在北京能买什么咱就别说了。

李翰祥导演的确有钱，他觉得贵的就是好的，所以每次都能花上个一两万。这一两万块钱当时够全厂职工发工资了，所以厂里的人就怕卖不出去，紧着哈着他，一到中午就说赶紧做炸酱面，厂长还叮嘱食堂说那酱里要多放肉啊，得让李导吃高兴了。

这画桌买了以后就放在李翰祥导演家里，我也没见他拿它拍电影，我就问他怎么不当道具了？他说舍不得啊，因为拍电影毁家具啊。当时他就住在北京，在北京一栋普通宿舍楼买了一层。他为什么买一层呢？因为一层搬运家具方便啊。但这房子还是不够大，他就把后窗户打开，接上了一个集装箱，这集装箱特别能装东西。他为了家里多放东西，甚至把楼道的门也给堵上了，出入都走窗户，他在窗户底下砌了一截楼梯，上他们家特有意思，得踩几步楼梯钻窗户进家，那日子过得有滋有味。

这事儿一下子就过去了十多年。到了 1995 年，嘉德公司拍卖，给他弄了一个专场，叫“清水山房”（图 7）。这次拍卖把他多年筹集的家具全拿

图 7　“清水山房”拍卖图录及里面的这件紫檀三弯腿画桌

出来卖了，他准备卖完就告老还乡。可这场拍卖十分不理想，便宜的都卖了，稍微贵一点的都没卖掉。

第二年冬天，李翰祥导演给我打了一个电话说，马先生，好久没见了，咱能不能见一面？那时候观复博物馆刚刚成立，我就跟他说，我今天约了人有点事，你如果来的话，要不就12点以前，要不就下午4点以后。他说，那好，4点以后我去找你，咱们好好聊聊啊！结果我吃午饭的时候，李导就打来了电话说，我已经在路上了，你得等我会儿。12点一刻，他匆匆忙忙赶来了，简单地跟我寒暄了几句，便从兜里掏出一张皱巴巴的纸给我，上面写着拍卖行流标的那些东西。什么叫流标？就是没卖出去的东西。看着那标价我就知道是拍卖的底价。我一看这价钱是给了我还价的机会，所以我就说，行，咱俩有机会再细谈。这张桌子当时标价60万，除此之外还有其他一大批家具。

就这样，李翰祥导演匆匆忙忙告辞走了，我也办我的事儿去了。没想到第二天，我翻《北京晚报》的时候，无意中看到一则消息："李翰祥导演猝死在拍摄场地。"我当时就愣了一下，心想是不是还有一个叫李翰祥的导演，我怎么觉得这事儿太不可思议了，结果打电话去询问，的确是他。人生叵测啊！所以每个人都要珍惜自个儿的时光。

李翰祥导演的追悼会特别隆重，他的夫人和儿女从世界各地都赶来奔丧。等丧事处理得差不多了，他的家人就把我叫了去。挺隆重悲伤的场面，他夫人对我说："既然李先生生前把这批家具托付给你了，你就照单全收吧！"他儿子说："我们全家谁都不懂这家具，也没人喜欢。"我当时看着他们凝重的表情，胳膊上还都戴着黑纱，我心里有句话实在说不出口啊！我心里说："我这儿还没有还价呢……"李导按规矩给我留了一口，过去古董行买卖讲究的就是留有还价的余地，为的是让买家高兴。我只好说，这么多钱我实在拿不出来，能不能分期付款呢？他们家里人立刻就爽快地答应了。

图 8　观复博物馆紫檀家具展厅

这件紫檀雕螭龙大画桌就这样到了我的手里。这桌子从我带着他去买，到他卖给我，涨了 150 倍。但我还是非常感谢李翰祥导演，在他能买的那个年月，即便是 4000 块钱我都付不起，没想到十几年后，60 万块钱我都买得起了。我原来老有这样一句话：你买不起就是贵，你买得起就不算贵。价高价低是行情，卖出买进都是缘分。

紫檀大画桌来到观复博物馆二十多年了，一直在观复博物馆里展出，它几乎与博物馆一同成长（图 8）。这期间至少有几百万人从它跟前匆匆走过，有人会驻足观望，但多数人都不知道这段人与物的渊缘，不知这样一件曾经有着高贵辉煌历史的大画桌还伺候过皇上，还伺候过王公贵族或者富商贵胄，也不知道它曾经还落魄过，在昏暗、满是尘土的仓库中委屈得无人相识，甚至可能被肢解。但这一切都是偶然，它居然又遇见李翰祥导演与我，让它涅槃重生，进了博物馆，一展芳容。

物是人非，历史常在。我有时在展厅里看见这个大画桌的时候，会突然想起我和李翰祥导演的这段缘分。

这个故事，你们可能听着还不过瘾，因为只知今生还不知道它的前世。但我们今天讲的这个今生，300 年后，就是它的前世。

005

东汉·铜奔马

甘肃省博物馆藏

扫码听我讲
国宝故事

今儿讲的这件国宝大家都熟悉，叫“铜奔马”，这是它现在标准的名字，过去它还有一个人尽皆知的名字，叫“马踏飞燕”（图 1）。

“马踏飞燕”这个名字从 1971 年一直叫到了 2018 年，叫了快半个世纪了，怎么突然改口了呢？这名字又是谁起的呢？

据说 1971 年，时任中国科学院院长郭沫若去甘肃省博物馆参观的时候，

图 1 东汉 铜奔马 甘肃省博物馆藏

对这件器物特别感兴趣，陪同他的工作人员就问：“我们管它叫‘马踏飞燕’，您觉得合适吗？”郭沫若听了以后说：“这名字起得好。”为什么呢？因为这名字特别文学。可现在突然觉得这名字不好了，文学改科学，科学讲究严谨，不讲情面。2018 年 6 月 5 日，甘肃省文物局新闻发布，有关专家一致坚持用“铜奔马”这个名字，说这名字“科学、准确、规范”。这科学、规范可以，但它不准确啊！那鸟儿呢？那鸟儿哪儿去啦？有人在乎过那鸟儿的感受吗？

蹄子下面有个鸟儿，它确实不是燕子。这燕子的标志很清晰，是尾巴分叉儿，这鸟儿的尾巴不分叉儿，平切，挺直有力，看着不怎么灵活。

东汉有个文学家叫张衡，他写过《东京赋》。《东京赋》有这么两句，叫：“龙雀蟠蜿，天马半汉。”什么意思呢？龙雀盘旋飞翔，天马肆意驰骋。那“龙雀”是什么呢？就是一种鹰隼。所以有人就觉得它不叫“马踏飞燕”可以，但至少也应该叫“马踏龙雀”或者“马超龙雀”。但这名字还有人认为不够科学，要知道科学的表达多数效果都比不上文学表达。

那这铜奔马是在哪儿发现的呢？是在甘肃武威。汉武帝时期，在河西走廊依次设了四个郡县，史称“河西四郡”，依次是：武威、张掖、酒泉、敦煌。

这四个名字都非常文学：

武威：彰显大汉帝国的武功军威；

张掖：张国臂掖，以通西域；

酒泉：扼守河西走廊要塞，泉水若酒，载歌载舞；

敦煌：抵达终点。敦，大也；煌，盛也。以其广开西域，故以盛名。

想想看，武威、张掖、酒泉、敦煌，一路走来就能看出西汉的大气象！

我们说回这件文物，它是什么时候被发现的呢？是在 20 世纪 60 年代末。当时全中国每一个城市都有一个共同的口号，叫“备战备荒为人民”。“备战”要干吗呢？就是挖防空洞。我所住的北京底下都挖空了，这种防空洞叫

“人防工事”。

1969 年 9 月初，武威的新鲜公社新鲜大队，按现在的说法就是新鲜乡新鲜村，这村儿的农民在一处黄土高台上开始挖地道。挖到十多米深的时候，挖出了一段青砖墙，这农民就以为挖到了“雷台”的内部。

雷台就是用土夯起来的高台，大概有足球场那么大，高度约 8.5 米，相当于三层楼那么高。这种高台在中国古代是一种建筑形式，土台为基础，在上面层层建屋，工程巨大。历史上自战国到魏晋时期，特别盛行筑造这种高台。杜牧的名句“东风不与周郎便，铜雀春深锁二乔”，如果曹操胜了，这大乔、小乔就关锁在这铜雀台上。你想想，三层楼那么高，地儿有足球场那么大，四边连个栏杆都没有，再盖上点儿房子，您就在上面待着吧，跑都没地儿跑。

这个雷台应该是后来的名儿，当初叫什么我们不清楚，没准儿就叫“龙雀台”。它从明朝开始挪作他用了，老百姓在高台上供奉雷神，所以顺嘴就把它叫雷台了。

看见了青砖墙，几镐头下去，“轰隆”一声，这青砖墙就被凿出了一个大洞，顿时阴寒的气味扑面而来。大家都好奇地打着手电往里看，这一看就害怕了，说这里头全是“妖怪”啊，正奔着洞口来呢！在场的农民谁见过这阵势啊？一个个都吓得不轻。过去的人比今天的人迷信，动土的事儿都小心谨慎，不像现在的人胆儿大。

但是俗话说“好奇害死猫”，人啊，什么事儿都想探个究竟。等了一会儿，大家心情都平复了，就鼓起勇气往里看。这一看，里头不是啥妖怪，全是铜车、铜马、铜人（图 2），旁边还有棺木。就在大家还没闹明白的时候，生产队长就组织大家说：“跳进去，把里头的铜人、铜马、铜车全都装进麻袋，用架子车拉到库房封存起来。”为什么只拉铜的呢？原因很简单，铜的好卖钱，其他的东西没人要。队长又千叮咛万嘱咐说：“这事儿千万不能外传，嘴都给我严着点！”中国的事儿特别有意思，什么事儿越不让外传，反而传得越快，只要你跟一个人说了，就等于跟所有人说了，所以这事儿很快

图 2 东汉 铜骑吏 甘肃省博物馆藏

就传出去了。

雷台发现古墓的消息传开了，当时县里管文化的干部听到这个消息，觉得这事儿可不能小觑啊，赶紧就组织人奔向了雷台。经过现场勘察，发现里头还有大量残存的文物，就向领导做了汇报，然后所有人就奔向了新鲜公社。

青铜器在地底下埋时间长了就会非常脆，尤其东汉以后的青铜器，含铜量低，又铸造得薄，所以大量的马头、马蹄都有破损。工作人员就向上级做了汇报。甘肃省博物馆的文物专家就前去武威调查。工作人员进入古墓后，经过详细的勘验，终于弄明白了这座墓葬的结构。

这个墓分前、中、后三个主墓室，前室左右有两个耳室；中室有右耳室，没有左耳室。与其他的墓室相比，后室显得非常小，没有左右耳室。所谓耳室，就是像耳朵一样的小屋。汉墓耳室设置得很随意，多少不一，也就是说汉代墓葬的规制不那么严谨。

出土的铜车马和仪仗俑，包括这件著名的铜奔马，一共 99 件。这座墓葬里还有铜灯（图 3）、铜壶、漆尊（图 4）、铜熏炉等，其他各种文物有几百件，铺地铜钱近 3 万枚。

墓葬在清理过程中发现了好几处盗洞，这说明这座墓在历史上曾经多次被盗过。盗墓者为什么不拿这些青铜车马和人俑呢？原因很简单，这东西在盗贼眼里不值钱。过去玩儿青铜的行家都玩儿三代青铜，指的是商、西周、战国到西汉这三代，到了东汉，这东西就不入眼了，所以没有人动它。估计金银器都被人拿走了，任何时代的盗墓者都先拿金银器，因为它立刻能换钱。

这件后来被甘肃省博物馆视为镇馆之宝的“铜奔马”，当时除了颜色剥

图 3 东汉 十三盏连枝铜灯
甘肃省博物馆藏

图 4 东汉 鎏金错银铜扣漆尊 甘肃省博物馆藏

落外，马头上有好几绺鬃毛也掉了，脖子上有好几个洞，马蹄有 3 个空着，马尾巴也断了。当时就没有人认为这件文物重要，所以这马就窝窝囊囊地待在了墙角。

这马的造型奇特，加上它很难修复，最后请到了故宫博物院的青铜修复专家才给修复好。修复以后，这马顿时就不一样了。你看，这匹一往无前、腾空飞驰的骏马，在奔跑的时候一只马蹄还踩踏着一只飞鸟的背，这飞鸟做回顾状，一个力与美的瞬间定格为永恒。

到了 1973 年，“文革”最闹腾的动静儿过去了。这期间，第一个中国对外的大型历史文物展览筹办，本来铜奔马并没有入选，但是在法国和英国大使的一再要求下，铜奔马参展了。铜奔马到了法国和英国，一下子就引起了轰动，博物馆门前排起了长队。后来到美国展出的时候，铜奔马的形象已经被制成了巨幅海报。为什么用马做海报呢？因为马的文化在全世界都是共通的，西方人看马比我们还亲，游牧民族亲马，农耕民族亲牛。所以西方文化对马的感受强烈。

从 1973 年到 1975 年，两年多的时间里，铜奔马满世界跑，巡回展出，大概接待了 500 万人次。所以郭沫若还写了一首诗，叫“四海盛赞铜奔马，人人争说金缕衣”。“金缕衣”就是金缕玉衣，我们后面也会讲到。

马在中国人心目中处于“六畜”之首——马牛羊鸡犬豕，因为马是战争工具，在古代征战中扮演了极为重要的角色。《汉书》中就这样说：“马者，甲兵之本，国之大用。”西域产良马，可以补我们过去中原马的速力不足。我国历史上第一次从西域引进良马就是在张骞出使西域期间，在乌孙国，就是今天新疆伊犁哈萨克自治州，获国王赠予的一千匹乌孙良马。汉武帝得知大宛国的马匹更胜一筹，又于公元前 126 年派张骞第二次出使西域，在大宛国购得“良马数十匹”，随马带回来的还有什么呢？有苜蓿、葡萄、石榴等。

铜奔马塑造的是东汉时期的马，理论上是引进这些马的杂交后代。有意思的是，这马同一侧两条腿同时向一个方向伸出，就是我们俗称的“一顺边儿”，这一姿态在我们日常所见的马的奔跑中是看不到的。这种步幅有一个专业的术语，叫“对侧步”。据说大宛马走的就是对侧步，因此，有人根据铜奔马显现对侧步的造型，认为铜奔马的原型就是来自西域的大宛马。还有一种说法，说它是汗血宝马。但有人认为，铜奔马的外形不仅显示了大宛马快速稳定的特点，同时也存在着蒙古马的一些特性。比如它的肌肉厚实，身体略显粗壮，这就说明它不是纯种的大宛马。实际上汉武帝引进良种马以后和本地土马杂交，形成了具有独特风格的中国马。这件国宝的意义不仅在于体现了中国汉代雕塑水平之高，更重要的是汉代不羁的艺术表达。

铜奔马、马踏飞燕、马超龙雀……不管它叫什么，都是中国汉代最灵动的一匹马，所以它成为中国旅游的标志。人走路如果顺拐，那他肯定是大家的笑料；马走路顺拐呢，它就是匹好马。

006

明·金册 金镶宝石带 金锭

湖北省博物馆藏

故事要从 2001 年春节讲起。

除夕佳节，家家户户都要放爆竹，尤其在农村。爆竹有 2000 多年的历史了，入画入诗，最有名的一句就是王安石的《元日》："爆竹声中一岁除，春风送暖入屠苏。"

湖北省钟祥市长滩镇大洪村，村民们正准备过年，远近都是爆竹声。突然从村后的小山上传来一声闷响，"轰"的一声，村民们一听这就不是爆竹声了。他们心里就开始打鼓，因为前些日子，离小山不远的一处"娘娘坟"被盗了，难道小山上又出了盗贼不成？所以村里的人就招呼着跑了出来，山上的人一看，马上就作鸟兽散了。村民跑到现场一看，不得了了，这窟窿炸得破烂不堪。然后村民就连夜层层上报，最后报到了国家文物局。过了春节，国家文物局决定，进行抢救性挖掘（图 1）！

图 1 梁庄王墓远眺

什么叫抢救性挖掘呢？我们国家对墓葬一般不进行主动性挖掘，都是抢救性挖掘，被动地挖掘。主动性的挖掘只有有数的几次，最重要的一次就是我们大家都知道的十三陵中的定陵。今天大家到北京旅游，定陵算是一站，万历皇帝的墓，是20世纪50年代经国务院批准主动开挖的。剩下的差不多都是抢救性挖掘。

抢救性挖掘也有两种：一种是偶然发现，比如河北满城汉墓，是解放军修工事，一炮给崩出来的。再比如，广州的南越王墓，是那个单位要盖宿舍，一挖地基给挖出来的。所以这种抢救性挖掘是非常偶然的。另外一种就跟盗墓有关，有的是彻底盗完、盗空的，有的是刚盗一半的。比如前些年闹得沸沸扬扬的曹操墓，就被多次盗掘过。抢救性挖掘就是这么回事。

这个墓被正式挖掘以后，很快就被打开了（图2）。墓葬的规律大约是这样：年代越近，埋得越浅，越好挖。这座墓葬里头的水特别多，当时水深

图2 考古工作者拆除梁庄王墓封门墙

就有 1 米 5，根据留下的痕迹判断，最高的时候水深大概得有 3 米。而且这水都是浑汤子，什么都看不见，于是就调来了抽水机往外抽水，足足抽了 12 天，你想想这里得有多少水呀！

抽水时水哗哗地从墓里往墓外流，专业人员全都盯着。终于，一块丝织物顺水漂了出来，所有人都特别兴奋，赶紧说：拿托盘来！托着这东西。因为这东西从泥水里捞出来的时候，全是黄汤子，托在托盘上湿湿答答的一大块。有人就说："赶紧找清水！找清水！冲一下。"当时还真没有清水，只好拿矿泉水直接倒在上面。然后人们就发现这丝织物全是一点儿一点儿的小圆圈。有人就说："这不得了，可能得有重大文物发现！"结果冲着冲着，就发现这东西越来越像咱们用的毛巾。终于，底下露出了一行字：某某毛巾厂。这下大家心里都凉了。

凉的不是这毛巾，因为毛巾不是文物嘛，凉的是这墓里有毛巾。按正常判断，那里面肯定进去过人呐，这个墓葬一定是被盗过的。有人分析这毛巾一定是盗墓贼拿去擦汗的，擦完汗，顺手一扔。可它凭什么先漂出来呢？

等这水都抽干了以后，人们发现这墓葬里的文物并没有动。金盆、金壶、金盏、金腰带、金首饰，什么都有。这时候大家就奇怪了，说这毛巾怎么进去的啊？闹鬼了吧？后来有专家分析说，这毛巾一定是当时盗墓贼用它来堵炮眼儿来着，在爆炸的一瞬间，高压把这毛巾从砖缝儿里直接给挤进去了。要不然怎么解释？

这水一抽干净，国宝就全出来了。

你猜猜，这里有多少文物呢？足足五千件！这么多宝物都是明代梁庄王墓的随葬品。为什么定名梁庄王墓呢？因为它里头有墓志啊（图 3）！一个明代的亲王就有这么巨量的珍贵文物，一件都没有被盗，完好无损地保存到现在，太难得了。

这里重要的文物有什么呢？有各式各样的金器，包括花簪（图 4）、手

图 3 梁庄王墓志 湖北省博物馆藏

镯（图 5）、带板、帽顶（图 6）。金器在历朝历代都是有钱人的标配，出现在梁庄王墓中一点都不奇怪。奇怪的是梁庄王墓的这批东西，除了用纯金打造外，还都镶有大量宝石，有红宝石、蓝宝石、祖母绿、猫眼石、绿松石、绿柱石、东陵石，等等。比如，墓里出土的金镶宝石的累丝带板（图 7），出土时虽然宝石掉了很多颗，但上面还保留着 84 颗，哪颗宝石都价值连城。

那么这些宝石是打哪儿来的呢？过去墓葬里怎么没有呢？这显然跟郑和下西洋有关。这些宝石都是他们从东南亚、南亚，主要是印度、斯里兰卡、缅甸、泰国等国家带回来的。这在明代以前是没有的事儿。明代中叶以后，这些宝石急剧减少，而且质量下降，这类文物只在明代早期昙花一现。

我们看看永乐、宣德皇帝的画像，可以看到这两位皇帝腰间佩戴着的，就是这类镶嵌宝石的腰带。这类带板在当时很有可能是皇帝赐予亲王的礼物，这也和梁庄王的身份相符了。

梁庄王是谁呢？这人有点儿意思。他爷爷是皇上，是永乐皇帝；他爸也是皇上，是洪熙皇帝。洪熙皇帝大家可能不熟，在位不到一年。他一共生了十个儿子，梁庄王是他第九个儿子。洪熙把他的皇位传给了他的长子，就是

图 4　明代 金累丝镶宝石青玉镂空双鸾鸟牡丹簪
湖北省博物馆藏

图 5 明代 金钑花钏、金镶宝石镯
湖北省博物馆藏

图 6 明代 金镶宝石帽顶
湖北省博物馆藏

图 7 明代 金累丝镶宝石带 湖北省博物馆藏

宣德皇帝，也就是梁庄王的大哥。所以你看梁庄王，人家的爷爷、爸爸、大哥都是皇帝，所以他的墓葬里出土这么多宝石就不足为奇了。

中国古代的宝石和今天的宝石完全是两个概念。今天的宝石一般情况下都要求有一种切割技术，比如我们看到的钻石、红蓝宝石、祖母绿，都是切割的。可当时呢，都是随形的，磨光即可。所以你如果去湖北省博物馆看这批宝物，参观的时候千万别说："哟！这东西怎么不圆呐？"一说就土了。即便这么想也不能这么讲，人家讲究的就是随形，没有一个是圆的。

那你又要问了：你怎么知道这事儿跟郑和下西洋有关呢？这还真不是我猜的，墓葬里有物为证。

梁庄王墓出土了一件国宝，是一枚金锭（图 8）。这金锭不得了，上面有铭文，刻着"永乐十七年四月"，下面空了一个字，谁也看不清楚，后面继续有字："西洋等处买到 / 八成色金 / 壹锭 / 伍拾两重"。这"永乐十七年四月"正是郑和第五次下西洋的时候，这就证明了这些东西都是从西洋购

图8 明代 金锭
湖北省博物馆藏

图9 明代 银鎏金封册
湖北省博物馆藏

进的。金锭、银锭在古代多了去了，文物留下的也不少，有字的也多，但这么清晰地说从西洋采购来的，只此一锭。

再来说梁庄王，14 岁就被册封为梁王，我们现在说的“庄”，是他死后的谥号。14 岁，大概相当于今天快上高中的年龄。他 19 岁，也就是刚上大学那会儿的年龄，便就藩湖广安陆州，安陆州就是今天的钟祥市，就是被正式派到他的封地去了。到了正统六年，正月没过，梁庄王就得病死了。有福没命享，他只活了 30 岁，然后就葬在了我们今天讲的梁庄王墓地。

这座墓实际上是梁庄王和第二任王妃的合葬墓。前面还有一任王妃，先他死了。说到这儿，我们就必须说说梁庄王和他第二任王妃的爱情故事。他们俩的结合还是宣德皇帝，也就是他大哥给做的主。墓葬里有一个银鎏金的封册（图 9），这封册就是皇帝册封的凭证，有点像一本书，是金属的，就两页，上面有文字。这文字念起来不大好懂，意思就是说，宣德皇帝跟他这个弟弟关系好，给弟弟封了一块地，然后替他选了一个贤女做妃。这里记载的贤女就是梁庄王的第二任王妃魏氏了。你看，这封册就相当于皇帝颁发给梁庄王夫妇的结婚证。

梁庄王去世后，这第二任王妃悲痛欲绝，想为他殉情。你想，她有这么多财产，还想殉情呢，可见人家是真爱情。后来之所以没有殉情，是因为皇上好言相劝，皇上说你还有俩女儿呢，你得把她们养大成人啊！梁庄王妃就答应了。十年以后，梁庄王妃也因病去世，她活的年头也不算长，只有 38 岁。你可能要问，这事儿你怎么知道得这么清楚呢？因为墓里有墓志（图 10），记录了这一段，叫“欲随王逝”。

本来梁庄王妃去世的时候，梁庄王已经下葬十年了，她已经没有资格跟梁庄王合葬了。但由于他们有这么深的情感，便破例打开了梁庄王墓。可梁庄王墓原本是个单葬墓，就是为他自己下葬设计的。在梁庄王的墓志里，只字未提合葬一事，也印证了这一点。再加上当时的墓室有反盗墓机关，叫“自

图 10 梁庄王妃墓志 湖北省博物馆藏

来石”，就是你关上墓门的时候，这块石头会自动地死死顶住它，在外面很难打开。所以，当葬梁庄王妃的时候，只好从外面撞破西扇石门而入，事后又补上了一扇木门，十分不相配。梁庄王妃终于如愿以偿地跟梁庄王合葬了。

他们没有留下传统意义的后代，即没有儿子。由于梁庄王的身份不一般，身后又没有儿子继承遗产，这无数金银财宝，就随之全部葬入地下。单说这金器，金碗金壶加金盆，金镯金簪金带板，加起来有超过二十斤黄金。你看看人家当年的日子，不省吃俭用还剩下这么多东西，可惜呀！全埋了。

没想到五百年后，说不清是不幸，还是幸运，梁庄王的宝物重见天日，常年陈列于湖北省博物馆，让他们的爱情成为我们的故事。

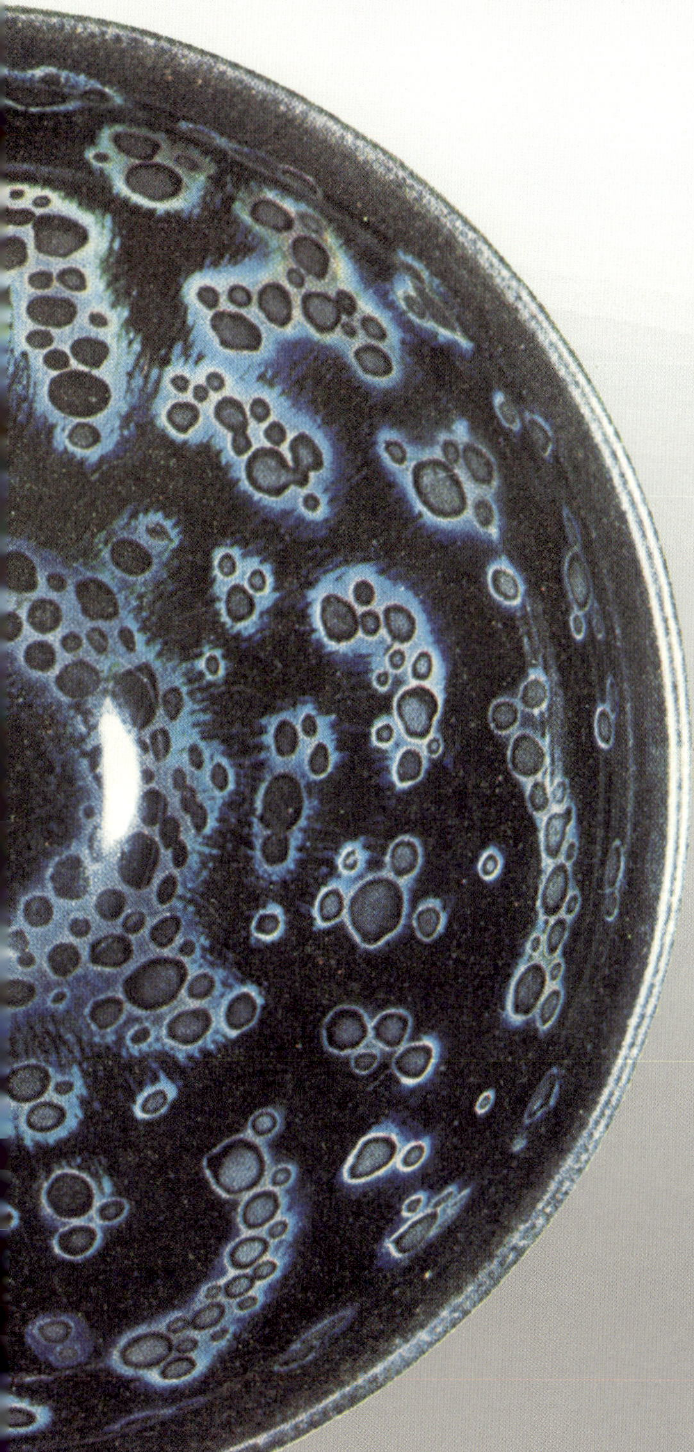

007

南宋·曜变天目盏

日本静嘉堂文库美术馆藏

今儿说的这宝贝可真是个宝贝，堪称奢侈品中的奢侈品。它有一个大名，叫曜变天目，被日本定为国宝。

曜变天目，名称生僻，其实它就是一种茶盏，不像现在的西式茶杯，它是没有把儿的，呈斗笠形，底足很小，通体大小为正常男人的一握。所谓一握，就是单只手可以把它握住。盏心在灯光下能闪现出五彩光芒，类似宇宙星云一样（图1）。天目盏以黑釉为主，曜变天目是里面最高级的一种，全世界仅存三件半。三件整器都在日本（图2、图3），半件残器前些年在杭州出土，大约有整器的五分之三大。日本那三件是什么时候从中国流出去的呢？那是很早很早以前的事了，谁也说不清。

在茶文化盛行的宋朝，流行斗茶之风（图4）。文人雅士之间相互比茶色，比水痕。有点类似我们今天喝啤酒，看看那酒挂不挂杯，不挂杯的酒一定不是好酒。

斗茶一流行，茶盏就自然非常受欢迎，甚至还受到了皇族的推崇，通过入宋僧传到了日本，慢慢地就普及了。

过去日本很向往中国，就派人来学习。隋唐的时候叫“遣隋使”“遣唐使”，到了宋朝改名了，叫“入宋僧”。我去日本看过日本奈良博物馆搞的大唐的展览，他们在前言里第一句话就说“我们的文化来自中国”，可见他们对中国的文化还是非常认同的。

由于茶盏是茶道中必不可少的茶具，在日本也是王公贵族与武将之间追

图 1 南宋 曜变天目盏 日本静嘉堂文库美术馆藏

图 2 南宋 曜变天目盏 日本藤田美术馆藏

图 3 南宋 曜变天目盏 日本京都大德寺龙光院藏

图 4 南宋 刘松年《斗茶图》
台北故宫博物院藏

捧的奢侈品。曜变天目是奢侈品中的奢侈品，数量极为稀少，全世界就这三件，都在日本，被日本文化厅定为最高级别的工艺美术品，也就是“国宝”。

日本文物等级跟我们不同，我们的文物定级很简单，很科学，就是一级品、二级品、三级品，如果再细分点儿，就是一级甲、一级乙，二级甲、二级乙……我们是一种很科学的命名方法。但日本的命名比较模糊，最高等级的叫“国宝”，次一级的叫“重文”，全称“重要文化财”，这种都是人文的命名，对我们来说，相对比较好理解（图 5）。

从某种意义上讲，“国宝”和“重要文化财”之间没有明显的界限，完全是一种人文的感受。而我们的一级品、二级品、三级品，说来说去也很难分清楚到底界限在哪儿，但是我们的分级方法非常科学，恰恰是这种科学缺少了人文色彩，所以我们理解起来不像“国宝”那么亲切。

图 5 南宋 吉州窑木叶贴花盏
日本大阪市立东洋陶瓷美术馆藏 重要文化财

要了解曜变天目，涉及两个词汇：一个是曜变，一个是天目。

喜欢瓷器的人都知道窑变。所谓窑变，就是入窑时跟出窑时的感受完全不一样，这个变化是在烧窑中发生的，所以叫“窑变”。

最典型的就是钧窑。过去说钧窑是“入窑一色，出窑万彩”。“曜变”实际上就是“窑变”。这个“曜”在我们今天的生活中不大使用，日本人用来记星期，顺序是这么排的：日月火水木金土，我们则是日一二三四五六。

按我们一般理解，往往认为星期日是这周的最后一天，因为这一天你还在休息嘛！但从西历上讲，星期日是一周的第一天，证据就是你们天天看的那日历，星期天都摆在最前面。在日语里，日曜日就是礼拜日，月曜日就是礼拜一，然后火曜日、水曜日、木曜日、金曜日、土曜日，它是按照这个顺序排列的。

学日语的人肯定要死记硬背，要不然你就说不出星期几来。我们有的人不懂，去日本寺院，关着门，上面写着“火曜日”，以为今天是火曜日，犯冲不敢进去，其实不是，就是今天星期二，关门休息。

下面说说“天目”这个词。日本人说的“天目”，源自浙江的天目山。天目山是今天浙江的旅游胜地，也是我们的佛家重地，那里有禅源寺、径山寺等。当时日本的僧人到这里来学习佛法，然后顺手就把这茶盏带了回去。当初由于这茶盏没有名字，所以就以地名命名。天目山为什么叫天目山呢？

因为天目山有东西二峰，顶上各有一池，长年不枯，像一副天眼望着天空，所以就叫“天目山”。我们国家山顶上的水源大部分都叫天池，就是一个意思。

我们生活中还有一个相似的例子，比如说哈密瓜。哈密瓜过去内陆没有，是新疆的鄯善王送给哈密王的，哈密王巴结皇上，就送给了皇上。皇上一吃说这瓜真好吃啊，哪儿来的呀？底下大臣就说：哈密来的，所以这瓜就叫哈密瓜了。按理说，这瓜应该有个名字，叫“长形裂皮大甜瓜”，按产地也应该叫“鄯善瓜”。

所以这天目瓷跟哈密瓜的命名差不多，就是因地而名。

我们讲的这件曜变天目，是仅存三件中最有名的一件，它有一个名字叫“稻叶天目”。“稻叶”是日本武将的姓氏，日本的姓氏特别复杂，比我们复杂多了。日本姓氏，保守地说大概有十来万个，中国呢，也就四千多个，大约是中国的 25 倍，所以日本姓什么的都有。这个天目盏，原来是稻叶家传下来的，日本对它有个非常时尚的描述，叫“茶碗中的宇宙”。

这只盏心有宇宙的盏，现在在日本静嘉堂文库美术馆收藏着（图 6）。日本的静嘉堂文库收藏了很多好东西。静嘉堂这只曜变天目盏，是南宋时期烧造的，距今大概有 800 多年。能查到最早的记录，大概在 400 年前，再早的 400 年的前世，我们就不清楚了，谁也不清楚。400 多年前，它是德川家的藏品，由江户幕府时代第三代将军德川家光赏给了他的乳母春日局。

春日局的故事很多，也比较有名。前些年日本有个电视剧叫《大奥》（图 7），我看过几集，这片子拍得极好。首先“大奥”这个名字就特别有意思，翻译成中文就是“深宫”的意思。我们今天还说“奥妙”“深奥”，“奥”是指深，“大奥”就是最深的地方，类似我们的后宫。

《大奥 · 第一章》的主角就是春日局，她生于武将名门，幼时家境非常优越，但是她 4 岁那年，父亲起兵叛变，家道中落，她目睹了父亲被处以极刑，因此就变成了“叛徒之女”。

图 6 日本静嘉堂文库

春日局逃到了亲戚家，她的亲戚也不是一般的亲戚，都是有些社会地位的，所以她就逐渐掌握了歌道、书道、香道等各种技能。到了适婚年龄，她便嫁给了稻叶正成，她丈夫是淀藩的藩主，相当于一方的领主，有点富二代的意思。结果春日局给稻叶正成生了 3 个男孩以后，这个富二代风流成性，春日局决意离婚。

由于她生过孩子，后来经过他人推荐，便成了德川家的乳母，哺育德川家光。在中国，过去奶妈的地位听着感觉比较低，我小时候受的教育，奶妈就是让人残酷剥削的人，你想想，连奶都被别人喝了。其实，即便在旧中国，奶妈的地位也并不太低，有很多人特别愿意听奶妈的话，奶妈比他亲妈还亲。尤其在清代，清代没有一个皇上是亲妈养的，亲妈的奶一口都不能喝。当皇上还真惨，一生下来就被抱走，由奶妈哺育成人。

图 7 日本电视剧《大奥》海报

无论在中国还是在日本，过去奶妈的地位并不是很低，她在佣人里面地位相当高，因为她是亲自用身体来哺育后代，那地位肯定高啊。比如《红楼梦》里，宝玉的奶妈李嬷嬷，就可以指着宝玉的贴身丫鬟袭人开骂。

那么成功进入江户城的春日局，在“大奥”里工作，深宫叵测，将军家眷生活的后宫，有一千多位女佣人。一千多人是什么概念啊？搁谁谁都记不清名字，这一千多个人你怎么记啊？

总之，德川将军家有这么多佣人，但春日局的地位非常高，不仅因为她是德川家光的乳母，还因为有这么一段记载，这段记载在电视剧里有精确描述：春日局的主子德川家光病了，春日局跑到神佛面前请愿，说如果德川家光痊愈，我发誓这辈子不再服药。这就是拿命来赌这件事儿啊，结果这事儿赌赢了，德川家光的病就好了。春日局从此恪守誓言，终生没再吃过药。就这一点，你就得佩服她，人家说话真算数。

在德川家极力侍奉主子的她，之后又为家光的子嗣一事操心，给将军物色合适的女子，引入大奥，扩充后宫佳丽。总之，大至幕府朝廷纷争，小至将军日常饮食，春日局事无巨细，因此赢得了德川家光的全面信任，可谓大奥里的最高掌权者。

静嘉堂的这只曜变天目，就是当年德川家光对乳母多年来尽心服侍的奖励。日本民族对“忠诚”这一品质看得至高无上。春日局不是因为服务周到获得了这个奖励，而是因为她对主家的忠诚，才获得了这个奖励。

老太太抱着这么个宝贝也没啥用，转手就传给了她的儿子——稻叶家的后人，因此此盏得名“稻叶天目”。斗转星移，时间一下子过去了 300 多年，至少经过了 12 代人以后，在大正七年（1918 年），整整 100 年前，稻叶家历代传承的曜变天目转入了亲戚小野家，这显然是外戚。昭和九年(1934 年)，在小野家搁了 16 年以后，被送去拍卖。

这只曜变天目盏当年在德川家搁了多长时间不清楚，然后在稻叶家搁了 300 多年。传东西啊，千万别传给外戚，因为他对这东西没感情，转手就给卖了。卖给谁了呢？新财主出现了，这个新财主就是三菱财团的第四代社长

图 8 岩崎小弥太

岩崎小弥太（图 8）。他花了 16.7 万日元才买下这只曜变天目，今天的十几万日元听着没什么，当年这是个天文数字。岩崎家族 1892 年创立静嘉堂文库，这件“稻叶天目”就一直收藏在这里。据说，小弥太称“自己不配使用如此名器”，一生未动过此盏，流传至今。

008

清·翡翠扳指

首都博物馆藏

这回咱说的这事儿，就发生在北京的海淀。

北京海淀有个地方叫恩济庄，那地方过去是专门埋太监的坟地，所以老人都管那个地方叫太监坟。这地方离我年轻时候住的家特近，就在空军总医院的对门。过去的人生前扎堆，死了也扎堆。尤其太监，身体不全，都不能埋到祖坟去，死后就在这片扎堆了。

1966 年，正赶上“破四旧”，突然有一天，上级单位向六一学校的教师赵广智等人传达指示，要求响应“破四旧”的号召，砸毁处在六一学校西南边的李莲英的墓。

李莲英是晚清时候最有名的大太监，慈禧太后身边的红人（图 1）。死了就埋在这儿了。

图 1 李莲英

李莲英原名李进喜，后来伺候慈禧太后的时候受宠，慈禧太后就给他改了个名，说："叫李莲英吧，别叫进喜了。"莲和英都是花，莲就是莲花，英就是盛开的花。估计当时慈禧太后正在赏莲花，一高兴，顺嘴就给李进喜换了个名儿（图2）。

李莲英，1848年出生在顺天府的大城县，就是今天的河北大城。李莲英家里兄弟四个，他排行第二。李莲英的父亲最早就是河间府的一个农民，家里太穷了，连块地都没有，就帮着一个远房叔父种地干活。赶巧他这远房叔叔没儿没女，就认了李莲英他爹当儿子，还给他娶了房媳妇儿，所以就有了李莲英。可没过几年，这叔父就去世了，去世之后不知什么原因，他们一家子就迁往了北京。

到了北京以后，李莲英的爹妈就开始学一门手艺——手皮子，以此为生。手皮子是北京的土话，是一个比较下等的活儿，就是把兽皮，比如狗皮、兔子皮、野兽皮等，把这种生皮子扒下来，然后进行硝制，即用硝把它身上剩

图2 慈禧太后与李莲英

余的脂肪全部刮去，使这个皮子变得非常柔软，能够着身。这项技艺就叫“手皮子”，严格说应该叫“熟皮子”。那皮子的味特别大，难闻之极，现在已经没人干这活了。李莲英一家指着这个为生，在北京的日子过得非常辛苦。在这种情况下，他的爹娘才把他送去当了太监。

据清宫档案记载，李莲英是在咸丰七年（1857 年）由郑亲王端华送进宫里当太监的，那年他本来只有 10 岁，但记载说他有 13 岁了，可能是怕人家嫌他年纪太小不要他，所以虚报了几岁。

这郑亲王端华可不是一般人，是咸丰皇帝死后留下辅佐同治的顾命八大臣之一。同治皇帝的皇后——孝哲毅皇后是端华的外孙女。郑亲王端华可以说是晚清政坛非常重要的一个人物，为什么他把李莲英送进宫里当太监呢？史籍上并没有记载，可能是当时往宫里送太监这差事由郑亲王去管，当时送宫里的也不只李莲英一个人，是一批小太监。

刚开始进宫，李莲英就跟其他小太监一样，早起晚睡，默默无闻，干一些最底层的活儿，每天扫扫地、搞搞卫生什么的。很多后来成大事的人，开始都是从基础做起的，扫地就是个基础，不是有一句话吗？“一室不扫，何以扫天下”。后来一个偶然的机会，慈禧太后发现这小太监挺机灵，就把他调到了身边工作，从此李莲英就走上了发迹之路。

野史里说，李莲英之所以进宫后能被慈禧看上，是因为他有一个手艺——会梳头，说他掌握了一套梳理新发型的技术。这说法虽然流传很广，但我觉得实在不靠谱。你想啊，李莲英在进宫之前但凡有个手艺能生活，谁还非得挨上这一刀，进宫当太监啊！我想李莲英一定是因为平时做事特别仔细，而且是超乎常人的仔细。再有就是为人比较宽厚，如果为人不宽厚，身边的人老说你坏话，三人成虎，你也到不了太后身边。就算到了太后身边，你也长不了。

李莲英在慈禧身边陪伴了她将近半个世纪，直到慈禧太后去世，所以李莲英和慈禧的关系超过了所有人。《晚清宫廷生活见闻》一书中这样记载："每天三顿饭，早晚起居，他俩都互派太监或当面问候……在西苑、颐和园居住的时候，慈禧太后还经常来找李莲英，说：'莲英啊！咱俩遛个弯去呀！'"慈禧太后跟李莲英俩人时不时地聊聊美容啊、美甲啊这些事儿，你想想他们俩的关系能不好吗？

光绪二十年（1894 年），46 岁的李莲英被赏戴二品顶戴花翎，这二品相当于现在的副国级。虽说这只是一种荣誉的象征，但也是太监中从来没有过的。雍正皇帝曾明确规定，太监品级以四品为上限，慈禧却突破祖上留下的规矩，不但超过了四品，还超过了好几级，可见慈禧太后对李莲英的这份宠爱。

清代祖制之所以限制太监的品级，是吸取了历史上其他朝代的惨痛教训。为了避免太监干政，祸乱纲纪，清代太监整体在这一方面被管理得还是比较好的，太监基本上不参政。不像明代，明代早期的大太监王振、明中期的刘瑾，还有明晚期的魏忠贤等，这些太监都是干政造成了国家大患。

明朝之所以太监干政的事那么多，跟明成祖朱棣有很大关系。朱棣当年起兵攻打南京时，据说南京城里的太监帮了大忙，里应外合，才帮他把城门打开，传递消息，让他顺利当上了皇帝。所以朱棣当了皇帝以后，对太监比较好，太监的地位也就开始提高，皇帝把很多重要的事都交给太监去做。

"太监"这个词最早是个官职名——太监、少监，跟我们今天说的太监根本不是一回事。自朱棣以后，宦官权势日增，人们才把地位较高的宦官都尊称为"太监"。据说这还是朱棣恩准的，"太监"这个词是个尊称，没有贬义。因为在历史上凡是沾有"太"字的，都比较尊贵，都是跟皇上有直接关系的，比如太子是皇上的儿子，太后是皇上的母亲，太师、太傅、太保、太庙、太学等等，无一例外都与皇帝直接有关。所以"太监"在历史上是个好词，是尊称，尊贵到地位像李莲英这样的宦官，才能称作"太监"，一般人想当太监还当不成呢。

李莲英到了慈禧身边，得宠以后当了大总管，既有地位又有钱，他跟其他达官显贵们一样，开始为自己死后做打算。于是李莲英就在前面提到的恩济庄买了块风水宝地，活着的时候就开始给自己修墓。

李莲英的墓外边是三合土。所谓三合土，就是熟石灰、沙子和黄土，按一定比例掺和在一起，关键是这个比例要掌握好。掺和好了以后再用蛋清和米汤一搅和，干了以后跟水泥的硬度差不多，一镐下去就是一个白点儿。

李莲英这墓就是用三合土弄的，固若金汤。赵广智这帮人奉命挖了一个多星期，尝试了很多方法才勉强打开了李莲英的墓，通过墓道挖掘，最后顺利地进入了李莲英的墓室。墓室里面整齐有序，由此可见，李莲英的墓自下葬以后没有被盗墓贼光顾过。

经过清理，里面的陪葬品有 50 多件，其中有一件最引人注目，就是咱们要说的翡翠扳指（图 3）。这扳指几乎满绿，水头特别好。现在在首都博物馆里展出，有机会可以去看一看。

熟悉文物的都知道，扳指最早叫“韘［shè］”（图 4）。《说文》里是这样解释的：“韘，射也。”扳指的功用是弯弓搭箭时戴在手上，防止被

图 3 清代 翡翠扳指 李莲英墓出土 首都博物馆藏

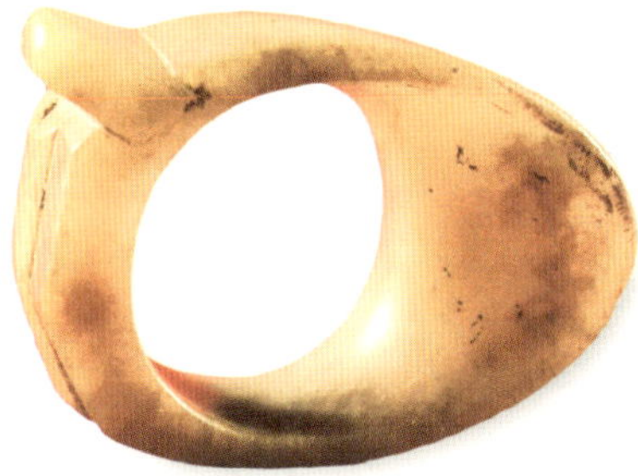

图 4 春秋 玉韘
山西省考古研究所藏

箭羽划伤。扳指早期都是用皮骨或竹木等普通材料制作的，就是个护具。

入关以后，清朝的皇帝一直对骑马打仗、弯弓搭箭非常重视，每年都要到木兰围场打猎。而扳指就是弓马娴熟的象征，所以八旗子弟对扳指甚为重视，人手一枚，慢慢形成风尚。

清代后期，仗打得少了，生活好了，八旗子弟便慢慢开始退化了。马也骑不了了，弓也拉不开了，扳指也成了手中的玩物。贵族之间开始互相攀比，白玉的、玛瑙的、蜜蜡的、青金的、翡翠的等珍贵材料一股脑儿地都上来了（图 5），有的上边还有图案和诗文（图 6），完全脱离了最初的功能。

李莲英墓出土的这枚扳指是翡翠的，满绿。翡翠真正流行就是在晚清时期，因为慈禧太后特别喜欢翡翠，所以上行下效，晚清以来开始流行玩翡翠。

陪葬品有翡翠的基本都是晚清民国的贵族墓葬。比如清东陵的慈禧墓里，据说有翡翠西瓜。晚清重臣荣禄的墓里，以及李莲英的墓里，都少不了翡翠的物件。

李莲英这枚翡翠扳指可以说是好到头了。传说这扳指当年是恭亲王的，李莲英看见后特别想要，可恭亲王舍不得给。后来李莲英就找到慈禧去告恭亲王的状，想方设法才弄到手。到手后李莲英还特意拿到恭亲王面前去显摆，说自己弄到了一枚好扳指，拿来和恭亲王的那只比一比。

图5 清代 金星石扳指 西藏博物馆藏
图6 清代 碧玉御题萱花诗扳指 故宫博物院藏

这故事一听就编得离谱。李莲英虽然在晚清红极一时，但他也绝不可能如此跋扈。这传说不符合他的性格，如果他有这种张扬的性格，绝不可能在慈禧太后身边服侍那么多年。

不过要说这扳指是慈禧太后赏给他的，倒是有可能。慈禧喜欢翡翠，众人皆知。底下的人就满世界搜罗，最好的一定献给她。这扳指李莲英看到后可能特别喜欢，太后一高兴，没准就赏给他了。死后作为殊荣，就被李莲英带到了棺材里。虽然带进了棺材，但这扳指并没有戴在李莲英手上。

据当年参与挖掘李莲英墓的老师赵广智说，李莲英的棺材里，只有一个干瘪的头颅，下边根本没有身子。如果是这样的话，说明李莲英不是正常死亡，而是被人杀死的。

据此有人就开始分析，说李莲英很可能是被隆裕太后处死的，他死后，隆裕太后还把他的巨额财产充了公（图7）。不过，朝廷杀李莲英应该是一件轰动一时的大事，不可能一点文字记载都没有。

还有人说李莲英死于仇敌之手。尽管李莲英圆滑机警，却仍有大量仇家。权倾朝野的人，肯定是踩着别人的尸体向上爬的。仇家有可能是革命党人，有可能是宫中同道，也有可能是袁世凯授意的人。

各种推测中最不贴谱的一种说法就是，真正杀害李莲英的人，是光绪皇帝的弟弟醇亲王载沣（图 8）。宣统时期，载沣时任监国摄政，权倾一时，他杀人的动机也是有的，因此有人说，正是李莲英下手毒死了光绪皇帝，载沣为哥哥报仇，也顺理成章。

其实，以上几种说法听着都不无道理，可历史上并没有半点儿记载李莲英是遇害身亡的文字。正史里说，李莲英是在宣统三年因病而终的。就连出土的墓志上也没有说被害。倘若李莲英真的是被人所害，一个失了势的老太监，有谁为他遮盖被害的真相呢？而且还遮盖得这么滴水不漏？

我觉得当时的挖墓者可能有些恍惚，黑咕隆咚的没有看清。那个年代文物没有价值，再加上 20 世纪五六十年代人们还比较迷信，心惊胆战地刨开一个坟地，想进去看个清楚，一撬棺材，那声音吓得你汗毛都立起来了，再突然多点动静，那一下子就完了。里面昏灯暗火的，肯定看不清，拿完东西就赶紧出来了。后面的这些回忆，都是半真半假的记忆。

据说李莲英的脑袋后来被随意扔弃，学生们当足球踢了，不知所终。

图 7 隆裕太后

图 8 醇亲王载沣

这事也不实，人都腐烂了，脑袋一踢就散了，踢不成。最终到底是怎么一回事儿，咱谁都没看见。如果去首博，你就能看见这个国宝级的翡翠扳指，见证了李莲英传奇的一生。所以啊，过去的事儿，眼见不一定为实，耳听不一定为虚。

009

东魏·石刻蝉冠菩萨像

山东省博物馆藏

这个故事得从1976年讲起。当时“文革”已经接近尾声，但还没有结束。

这一年在山东省博兴县（属于山东滨州，位于黄河下游）张官村，有一户农民正在自家地里挖房基地。这家的房子之前破破烂烂的，有可能是清朝留下的房子，熬到这会儿终于快塌了，只得重新盖。盖房子就得挖地基，结果还没挖多深呢，居然挖出了很多石头块儿，什么样的都有，仔细一看，这石块儿上还有点残破不堪的佛像。

当时没有人把这事儿当事儿。因为有这些石块儿，村民们就“废物”利用，运回自己家，有的当宅基石，有的当猪圈门，有的压咸菜。但是总有老人明白事儿，有的老人一看，觉得这佛头还行，就在家里供起来了，每天还拜拜。但这些东西是哪儿来的，什么时候的，没人关心。

这事儿慢慢地就传开了，当地文管所知道以后，就开始搜罗，据说搜罗了好几百块残块，都运到了文保所里面。

为什么这么多雕像放在一个坑里呢？其实这个坑就是古代博兴龙华寺的窖藏坑。窖藏是个术语，就是出于某种考虑，把有价值的东西集中埋葬。我们后面有很多地方都要讲到窖藏，比如著名的何家村窖藏（图1）、金鱼村窖藏等等。窖藏出土和墓葬出土是两个概念，佛像窖藏出土特别多。窖藏有个特点，就是不会埋得太深，一般埋个一米都算深了。

为什么博兴这户人家挖地基会发现窖藏呢？

佛教自东汉传入中国，开始发展得比较缓慢。到了魏晋南北朝时期，由

图 1 何家村窖藏遗宝

于政治动荡，社会战乱，导致社会风气十分颓丧。人们无法摆脱肉体上的痛苦，精神上也十分空虚。这时候，佛教宣扬的诸如生死轮回、因果报应这些教义，就深得民心。加上统治者也不断地推动，佛教在民间就大肆流行起来。

由于佛教兴起的速度太快，导致南北朝到隋唐时期，出现了四次大的灭佛事件，即著名的“三武一宗”灭佛事件。这些灭佛事件主要原因就是宗教跟政府抢资源。“三武”是指北魏太武帝拓跋焘、北周武帝宇文邕和唐武宗李炎，“一宗”就是后周的柴世宗柴荣。

那么博兴这个窖藏坑是什么时候的呢？当时，山东归北齐管，北周攻灭北齐后，就在山东延续了北周武帝宇文邕的灭佛政策。人们推测，博兴龙华寺的佛像，可能就是那个时候被埋的。我们近些年发现的大型的、比较多的佛造像出土，比如山东青州龙兴寺窖藏（图 2）、河北邯郸北吴庄窖藏等等，都是历史上诸次灭佛事件的直接证据。

博兴窖藏的佛像，什么样的都有，摆得也很密集。这其中有一尊造型非

图2 龙兴寺窖藏出土佛造像整理现场

常罕见的菩萨像，叫蝉冠菩萨（图3）。顾名思义，就是菩萨冠帽上装饰着一只蝉。

这尊蝉冠菩萨当时发现的时候并不完整，断成了三截，大小差不多。过去农村分菜都扒堆儿分，所以这造像大小三块儿，就被分到了三户人家。最后费了好大劲才把这东西找齐。其中有个村民把菩萨头拉回家，看到后面的背光又圆又厚，便准备把其他的地方都砸了，留下这背光，做个小桌，好在被闻讯赶来的工作人员给制止了。等找全了残块儿之后，人们把菩萨像拼接完整，保存在博兴县文管所。

时光飞逝，转眼就是18年。1994年7月，正值夏天的一个晚上，阴云密布，月黑风高，这尊蝉冠菩萨像居然被人从文管所里轻轻松松地给盗走了！

20世纪90年代的时候，很多地方文管所的保护条件特别差。我曾去过南方一个文管所，那个库房被撬了以后，都没钱买锁！可见当时的安保条件有多么差。

图 3 东魏 石刻蝉冠菩萨像
山东省博物馆藏

1994 年，这尊菩萨没了。当时的人只能大眼瞪小眼，说：这事儿倒霉啊！但既然没了，没了就没了呗。

佛像没了，但事情没完。又过去五年，到了 1999 年，出事儿了。

当时出现了两封密函。一封来自瑞士一个艺术基金会主席，叫罗伯特。他在信中提到了这尊造像；另一封则匿名，托名宿白先生（图 4），寄给了社科院考古所。结果托人一问，宿白先生根本不知道这事儿！宿白先生是我国考古界泰斗级的人物，他是北大考古系第一任系主任，主要成就就是宗教考古。2018 年年初，老先生刚驾鹤西去。

社科院考古所收到的是什么东西呢？是一本日本美秀博物馆当年出版的最新图录。在图录第 35 页上夹着一张白纸，上面从右向左用繁体字写着“国宝”两个字。有人就分析，这封信应该是从港台地区或者海外寄来的，要不然他得从左往右写嘛！显然有人明白这里头有事儿。到底是谁寄来的呢？至今这还是个谜。那么第 35 页图录上是什么呢？就是我们讲的这尊石刻蝉冠菩萨像。

社科院考古所收到这封信后，在系统里查来查去，很快就查到了山东博

图 4 宿白先生

兴。幸亏呀！幸亏当时还保留了一张蝉冠菩萨的黑白照片，仔细对比后，证明了日本美秀博物馆图录上的那尊造像确实是山东博兴被盗的蝉冠菩萨像。

为什么我们能够证明它是博兴出土的那一尊呢？这里涉及石性的问题。所谓石性，就是石纹，它跟咱们人的指纹很像。石像上有些人为的特征从某种意义上讲是可以复制的，尤其现在，可以用电脑把纹饰复刻得一模一样。但不管怎样，它的石性是模仿不出来的。

这有点儿像印章。过去，吴昌硕、晚清海派兴起后，很多印章刻完了，都会用刀“啪啪”敲两下。印章崩下来的石屑都是石性形成的，你想改，改不了。你想刻成那样，不可能。现在有点儿恐怖，现在的印章都是电脑做的，你看不见那枚章，但你能看见印出来的那个印文，几乎一模一样。过去鉴定书画，印章是第一凭证，现在画上的印章看不看都两可了，印文都是从电脑上直接打上去的，仿制得逼真，肉眼无法分辨。

正因为石性不能改变，才证明这尊菩萨像就是我们的这尊。从某种程度上讲，石性可以算文物的 DNA。

事情发展到这时候，佛像的脉络也就得以确认了。2000 年，美国《纽约时报》还报道了相关的故事。报道后，此事就更引人关注了，国家文物局开始高度重视这事儿，当年成立了谈判小组，派人特地去美秀博物馆和日方谈判。当时国际上有一个案例可以参考：美国一家博物馆在不知情的情况下收购了一尊印度被盗佛像，印度博物馆向美方提出归还要求，后来经过协商，佛像主权归印度，在美国借展十年。

我们的代表就给日本美秀博物馆的负责人小山弘子写了封信，告诉她我们想去交涉一下这尊博兴出土的造像。日方非常豁达，说你们来吧，咱们好好聊。我们的人就去了，到了美秀博物馆以后，日方先带着我们的人参观。美秀博物馆非常漂亮，号称“日本的桃花源”（图 5）。然后，我们的代表终于看到了这尊蝉冠菩萨像，总算一睹真容。

图 5 日本美秀博物馆

这尊蝉冠菩萨像通高 1.2 米，双臂是残缺的，足部也遭到了损毁。头部雕刻有巨大的圆形背光。菩萨的嘴角微翘，面带笑意。衣着也十分得体，戴高冠、披帛带、着长裙，装饰十分华丽。菩萨身躯修长，衣服很薄而且很贴体，趋于世俗化的审美，非常写实，整体受到了北魏晚期造像文化的影响。

看完菩萨像之后，双方就开始坐下来谈判。我们出示了一些证据，证明美秀藏的这尊菩萨像，是 1994 年 7 月从博兴文管所盗走的。

然后，美秀博物馆的顾问也把他们购买的前因后果讲了。他们说这尊菩萨像是他们 1995 年买的——你看这时间对得上，如果人家是 1993 年买的，再出示一张 1993 年的发票，那这俩证据就相左了，那就麻烦了。他从哪儿买的呢？从伦敦。要知道，美秀博物馆所有的藏品，当时都是创世界纪录的，这尊造像也是从世界一等一的古董商那里购买的。

这个古董商购买的所有东西，都是通过正常途径获得的，来源清晰。美秀博物馆也很谨慎，在他们购买之前，还专门查阅了联合国教科文组织文物被盗目录，目录中并没有这尊佛像的任何被盗记录。所以他们说，新闻报道及中方来此之前，他们都不知道有这么回事儿。简单地说，这尊佛像在进美秀博物馆之前就被彻底地洗白了。

我们的人说：你们不是这件文物的偷盗者，也不是走私者，更不是非法获得者，而是在不知情的情况下合法地收购了这件文物，对它是善意的持有者。什么叫“善意持有”呢？这是个法律术语，就是所获得的途径都是合法的，在法律上占有绝对优势。

但是，对于一个新兴的博物馆（因为美秀博物馆是1997年刚刚成立的，到2000年才三年），咱们都是受害者。你看咱们怎么商量着把这事儿妥善处理呢？我们首先承认自己存在的不足，我们事情做得不妥，文物保管上存在漏洞，尤其是文物失窃后没有及时向联合国有关组织申报，这对我们来说是个很大的教训。

美秀博物馆负责人小山弘子就说，她当时看见这尊菩萨，只觉得他很美，是非常难得的艺术品，并不知道这是盗窃物，所以就购买了。

然后，双方就商量，看能不能参照国际上已经出现的案例来解决，这个案例就是前面说的印度和美国的那段故事。这样，能不能先把文物的主权归还给中国？据说当时，中日双方前前后后协商了很久，还商量着是否需要用金钱来弥补日方的损失。日方则表示，主权我们可以归还给你，也不需要你们给钱，费用我们自己承担。但有个条件：这尊造像要在美秀博物馆里借展至2007年，那一年就是美秀博物馆建馆十周年，以后每隔5年回来省亲一次。而且双方要共同召开新闻发布会，说明在这件事中，美秀博物馆是菩萨像的善意持有者，是在不知情的情况下购买的被盗文物，知情后愿意无偿归还中国。

一切谈妥，2001年4月16日，在美秀博物馆内，双方共同签署了日本美秀博物馆将其收藏的中国蝉冠菩萨像所有权归还中国的协议。此事至此才告一段落。这尊菩萨像回国后，放回博兴县文管所实在不放心，就隆重入藏了山东博物馆。

事情圆满解决了，国际上也对小山弘子的高尚情操表示敬重。通过这件事，也让她和中国结下了良缘：2003 年，当她得知苏州正在建新馆的时候，主动捐款 50 万美金，支持苏州博物馆的建设。

这尊蝉冠菩萨像非常适合在室内陈设，效果非常好。它并没有确切纪年，大约是北魏末年到东魏时期的作品，距今也有 1400 多年了。虽然双臂和双足有残，但面部刻画得自然，嘴角迷人的微笑和颇具特色的衣着装束，让它成为魏晋南北朝时期非常引人注目的一尊菩萨像。

那么，这尊菩萨像更吸引人的是什么呢？就是菩萨所戴宝冠中装饰的那只蝉。正因为有它，所以这造像才被定名为“蝉冠菩萨像”。

蝉的须目十分清晰，羽翼丰透，形态也极为逼真。北朝装饰蝉冠的菩萨

图 6 东魏 彩绘石雕菩萨立像
青州博物馆藏

像存世极为罕见，我们讲的这尊可谓是其中最有名气的了，保存得也更加完好。此外，这类造像在青州龙兴寺遗址中也见出土（图6）。

关于蝉的含义，在古代极为丰富：

首先，蝉代表高洁。古代很多诗词曲赋中，都歌颂了蝉的这一品行。比如初唐四杰之一的骆宾王就曾经咏蝉："无人信高洁，谁为表予心。"就是说，没人知道我像秋蝉一样清廉高洁，又有谁能为我表白冰清玉洁的心肠呢？

汉朝时，伴随皇帝左右的侍从官就专门佩戴这种蝉冠。他们认为蝉是"居高饮絜（同洁），口在腋下"，嘴在身子底下藏着呢，所以戴蝉冠被认为是高洁、韬光养晦、默默奉献的意思。到了魏晋南北朝，侍从官的权力越来越大，所以蝉冠也逐渐成为权贵的象征，被官员们竞相追捧，慢慢地，甭管自己清廉不清廉，都想戴上蝉冠。

古人很早就认为蝉能再生。夏天雷雨天，蝉就从地底下爬出来了。其实它的生命周期非常长，在地底下长达17年！所以在古人看来，蝉是能代表生死循环的。汉代最为流行的时候，故去的人嘴里含着一个玉蝉，以求达到起死回生的目的。

我们每个人作为生命的个体，客观生命总有终结，生命可以延续，不能轮回。但蝉冠菩萨像，是对我们所表达的人文思想，对生命轮回认知的一个象征，也是对世俗的生死观的高尚解释（图7）。

图 7 我与石刻蝉冠菩萨像

010

唐·鎏金双蜂团花纹镂空银香囊

法门寺博物馆藏

今儿说的这个物件跟大名鼎鼎的法门寺有关。

法门寺历史悠久，始建于东汉桓灵年间，距今 1900 多年，有“关中塔庙始祖”之称（图 1）。

塔是一种高耸的佛教建筑，它起源于印度，分塔基、塔身、塔尖几部分。塔引入中国后，得到了改造和创新，形制多样。古老的式样有覆钵式——钵，就是和尚化缘用的碗，很圆润，将钵扣过来就是覆钵式。如北京的白塔寺（图 2）、北海，山西五台山，西藏布达拉宫，都有典型的覆钵式白塔；再有一

图 1 法门寺

图 2 北京白塔寺的白塔

图 3 北京慈寿寺玲珑塔

种就是重檐式，有两层就算重檐了，比如故宫太和殿，就是重檐式，一层一层地，山西应县的木塔、西安的大雁塔、苏州的虎丘塔、北京的玲珑塔都是重檐式（图 3）。要注意层数，重檐式宝塔的层数一般都是单数，5、7、9、11、13 不等。所以北京的玲珑塔有这样一句歌谣，叫“玲珑塔，塔玲珑，玲珑宝塔十三层”。

我们常说“救人一命胜造七级浮屠”，浮屠是什么呢？就是塔，七级浮屠就是七重檐佛塔。

塔是干吗用的呢？塔是佛教建筑中最重要的一种，是安放佛祖、高僧舍利的地方，是供信徒瞻仰的所在。此外，塔非常高，给人一种视觉向上的冲击，所以现在凡是有塔的地方都是名胜古迹。

法门寺正是因舍利而置塔，因塔而建寺，原名叫阿育王寺，在唐高祖李渊的时候改名法门寺。

法门是一个佛教用语，指修行的人入道的门径，不二法门就是指独一无二的方法和门径。

看一看法门寺的历史，就会发现唐朝是它最鼎盛的时代。这与它安放有佛祖释迦牟尼真身佛指舍利密不可分。

公元 631 年，岐州刺史张德亮来到法门寺拜佛。看着因隋唐改朝换代、连年战火而破败不堪的法门寺，他立刻上书太宗李世民请求重修，他说：佛祖舍利三十年一开，开则岁谷稔而兵戈息。李世民立马就同意了，特批调用了修建皇宫的木料，修缮了法门寺塔，由原来的覆钵式改为了木塔，并下诏开启塔基开示舍利。至此，法门寺的地位大升，达到了国寺的地位，而佛指舍利的迎奉也升了规格。从高宗、武则天、肃宗、德宗、宪宗到懿宗，先后六次迎奉佛骨至皇宫内廷供养。

迎奉佛骨，耗资巨大，费时颇长，在有识之士看来，这都是劳民伤财之举。所以在宪宗迎奉佛骨舍利的时候，发生了韩愈谏佛事件。

上有所好，下必效之。当宪宗声势浩大地迎奉佛骨之时，全国掀起了狂热的礼佛风潮。王公士庶奔走施舍，百姓则废业破产、烧顶灼臂以求供养。时任刑部侍郎的韩愈上表加以劝阻，反对佞佛。佞佛的意思就是过度地讨好、过度地迷信佛教。他认为，佛教是外来的宗教，不懂中原的君臣之义、父子之情。何况，佛祖逝世已久，舍利乃枯朽之骨，不但不应该迎奉入宫，而且应该毁灭。最后，韩愈极为诚恳地起誓：如果佛祖有灵，施加惩戒，自己愿意一力承担。这文人啊，有时候就是一根筋。

韩愈因此差点儿丢了性命，后来被贬至潮州。路途上他写了千古名句：云横秦岭家何在？雪拥蓝关马不前。这一年韩愈 51 岁，他只活了 56 岁。

宪宗之后，唐朝迎来了最后一次也是规模最大的一次迎奉佛骨活动，由唐懿宗李漼主持。自咸通十二年（871 年），懿宗就为迎奉活动大作准备。先是敕造供奉真身菩萨（图 4），又令文思院造双轮十二环迎真身银金花锡杖以及其他供奉物（图 5）。其中有用金银宝物制成的宝帐香舁，有用孔雀毛装饰的宝刹。宝刹小者高一丈，大者高两丈，抬一宝刹需要轿夫数百人。咸通十四年（873 年）三月，懿宗组建了由朝廷大臣和御封高僧组成的高规格迎佛真身班子，前去迎奉佛骨。

这次迎佛盛况空前，长安倾城出动。从开远门到法门寺 300 里，一路上车马相随，人流不断。四月初八——这一天是佛诞日，佛骨迎至京师，懿宗亲往礼佛，顶礼膜拜，在皇宫内道场，设金花帐、温情床、龙鳞席、

图 4　唐代　鎏金银捧真身菩萨　法门寺博物馆藏

图 5　唐代　迎真身银金花十二环银锡杖　法门寺博物馆藏

凤毛褥，把佛骨视为国宝。佛骨在皇宫供养三日后送到安国寺、崇化寺，供百姓瞻仰。

三个月后，懿宗就驾崩了。僖宗李儇即位后，下诏归佛骨于法门寺，一路上的仪式就大为简单了。僖宗将舍利送回法门寺后，隆重地封闭了地宫。三十多年后，唐朝就终结了。

听到这儿，你们肯定要问：今儿说的这国宝到底是什么呀？

我告诉你，是香囊——鎏金双蜂团花纹银香囊（图 6），就是僖宗关闭地宫时放进去的，现收藏于法门寺博物馆。

自唐僖宗 874 年关闭地宫之后，历经五代、辽、宋、金、元、明、清，乃至民国，地宫再未被打开。1981 年，法门寺塔因大雨倒塌（图 7），6 年之后，1987 年 4 月准备重修时清理地基，地宫被意外发现，此时时间已过去了 1113 年（图 8）。

图 6 唐代 鎏金双蜂团花纹镂空银香囊
法门寺博物馆藏

图 7 法门寺半壁残塔

图 8 法门寺塔基地宫遗址

图 9 唐代 盘口细颈淡黄色琉璃瓶
法门寺博物馆藏

图 10 唐代 八棱净水秘色瓷瓶
法门寺博物馆藏

法门寺地宫出土的东西太多了：有金银器、玻璃器（图 9）、秘色瓷器（图 10）、石质器、铁质器、漆木以及杂器、珠玉宝石等不胜枚举，还有大批纺织品（图 11）。

这么多东西为什么我们要单拎出香囊来说呢？因为这香囊解答了一个千古谜团。

公元 756 年，马嵬坡之变，杨贵妃被勒死，就地掩埋。唐明皇一路向西南到达四川成都，次年才启程回长安，回来后对杨贵妃更加思念，茶饭无味，遂命令高力士一定要把杨贵妃的遗体找到。高力士到马嵬坡费了很大劲才找到了杨贵妃的遗体，他回来时对唐明皇小心翼翼地说：“肌肤已坏，唯香囊犹在。”

过去我们不理解，香囊就是个丝织物，尸体都腐烂了，这香囊怎么会不

图 11 唐代 紫红罗地蹙金绣半臂 法门寺博物馆藏

坏呢？直到法门寺地宫被打开，我们才知道唐代皇家香囊很可能就是金银制成的。

这件鎏金双蜂团花纹银香囊为镂空球体，上下两个半球，均饰有双蜂团花纹，它以合页和铰链相连，这合页就跟我们今天门窗上的合页没什么两样，香囊开合由一个钩状的开关控制。下半球内，有两个同心圆组成的持平环，与香盂铆接。香盂就是放香的杯子。球上有链，链下有装饰物。

这种香囊是我们古代工匠的一个发明，它利用了重心和平衡的原理，使得焚香时，无论你怎么转动，香盂始终呈水平状态，热香不溢出，这和近代使用在航海、航空、航天上的陀螺仪表的原理相同。在唐代贵族的生活中，这种香囊非常时髦，就连宫内的嫔妃贵妇也会使用。她们不仅随身携带香囊，还会放在被褥之中，挂在屋里的帷帐之上。

法门寺发现的这个银香囊是最大的一个，直径 12.8 厘米，重达 547 克，超过一斤。这件香囊非常漂亮，除去纹饰之外，还采用了鎏金工艺。鎏金在汉代就非常成熟了，能使银、铜等金属闪着金子般的光泽。

香囊是干什么用的？当然是熏香。古人熏香有两种：一种冷香，直接闻；

一种热香，需要点燃。这件香囊装的就是热香。

香囊不仅可以熏香，还可以作为定情信物。因为是随身之物，恋人之间也常常用它表达情意。杨贵妃的香囊显然是生前唐明皇送给她的，唐代诗人张祜为此写过诗：

> 蹙金妃子小花囊，销耗胸前结旧香。
>
> 谁为君王重解得，一生遗恨系心肠。

这首诗说的就是唐明皇与杨贵妃的这段爱情。

唐明皇从高力士手中接过杨贵妃的香囊后，睹物思人，百感交集，潸然泪下。

> 在天愿作比翼鸟，在地愿为连理枝。
>
> 天长地久有时尽，此恨绵绵无绝期。

011

商·后母戊鼎

中国国家博物馆藏

扫码听我讲
国宝故事

今儿我们讲的这件国宝大家耳熟能详，以前叫作“司母戊鼎”。1959年郭沫若定的名，叫了半个多世纪，忽然改名了，改成了“后母戊鼎”。老名字是郭沫若定的，新名字是国家博物馆定的。

青铜器命名的原则包括两部分：个性加共性。比如后母戊鼎中的“后母戊”，就是个性。共性呢？共性就是这个“鼎”。在有铭文的时候，铭文少的，直接就用铭文。个性化的东西加器型命名，比如这个后母戊鼎。那铭文多的呢，就找出一个个性化的词汇，这个词汇有可能是主人，有可能是做器者，然后加上器型名称来命名，比如大盂鼎（图 1）、大克鼎（图 2）。没有铭文时，就从纹饰入手，比如龙虎纹的青铜尊（图 3）。但瓷器、书画、玉器等命名跟青铜器不是一个路数，我们以后再说。

图 3 商代 龙虎尊
中国国家博物馆藏

图 1 西周 大盂鼎 中国国家博物馆藏

图 2 西周 大克鼎 上海博物馆藏

这里涉及“鼎”这个造型。什么是鼎呢？鼎的基本型是圆的，以圆鼎居多，所以三足鼎立，但也有方形的。圆鼎一般祭天用，方鼎祭地，天圆地方嘛！方鼎是四足的，带耳。带耳是鼎的另一个特征，不管它是圆的还是方的，必须带耳，无耳则不能称之为“鼎”。这个造型千百年来基本上是固定不变的。

青铜器有几个门类，礼器、食器、酒器、水器、兵器，其中礼器排第一。民以食为天，严格地说，鼎是由食器上升为礼器，成为古代社会中的宗庙重器，后来鼎被用来“明尊卑，别上下”，成为统治阶级等级和权力的标志。青铜鼎是最重要的礼器，巨大的鼎更是国之重器，所以我们对鼎一直有崇拜，比如“问鼎中原”“一言九鼎”“列鼎而食”这些成语。

后母戊鼎是因为鼎上有“后母戊”三个字，所以就叫后母戊鼎（图 4）。至于这个字是“司”还是“后”，这是古文字专家之间的争论，直观就是个“司”字，镜像转过来就是个“后”字。现在唯一能证明它是司母戊还是后母戊的，只有它原来的主人，可惜她不在了。

图 4 商代 后母戊鼎
中国国家博物馆藏

图 5 商代 后母辛鼎
中国社会科学院考古研究所藏

不管它是“司”还是“后”，这个“母戊”没啥争议。现在普遍认为母戊是商王武丁的配偶，做器者应该是她的儿子。后来殷墟妇好墓的发掘印证了这一说法。在妇好墓中出土了一件后母辛鼎（图 5），其形制和文字风格都与后母戊鼎近似，而妇好则是武丁的另一个配偶。由此认定后母戊鼎应该是她儿子为祭祀母亲做的重器。

按照这个规律推论，武丁应该有十个配偶吧？甲乙丙丁戊己庚辛壬癸，这有点编号的意思。

后母戊鼎通高 133 厘米，基本上到我的腋下，口长 112 厘米，重达 832 千克，相当于我没减肥时十个人的重量。后母戊鼎鼎身四周有精巧的蟠螭纹和饕餮纹，这些青铜器纹饰让它显得非常庄重。青铜器对后世的影响也非常深远。在宋元明清的瓷器中，有大量青铜纹饰的作品，不光纹饰，连造型都是从青铜器抄过来的。

饕餮就是传说中好吃的兽类，把它铸在青铜器上，表现了丰年足食的寓

图 6 商代 虎食人卣
日本泉屋博古馆藏

图 7 商代 妇好铜钺
中国社会科学院考古研究所藏

意。鼎的立耳纹饰被称为虎咬人头纹，俗称虎吃人。虎吃人的纹饰并不罕见，比如日本京都泉屋博古馆藏的虎食人卣、中国国家博物馆藏的龙虎尊、妇好墓出土的青铜钺等，都有虎吃人的纹饰（图 6、图 7）。

我们从小就听过《狼来了》的寓言，狼吃人，虎也吃人。虎吃人在文化上的含义有多种：第一个含义是通灵；第二个含义是辟邪；第三个含义是人祭。我们知道以身饲虎是佛教中的经典，我想虎吃人应该还有一个含义是警示。比如我们常说“道高一尺，魔高一丈”，就是佛教中的警示语，这种提示告知我们，不管你有多少办法，都会有新的困难出现。虎吃人就是这样一种警示，它的作用就是告诉我们，生活中的困难，你跨过一个还会有另一个，不能过于得意。

我们把话说回来，后母戊鼎是中国最重的青铜器，正是因为它太重，才改变了命运。1949年，很多重要的青铜器都运往了台湾。据说，当时本来也准备把这个大鼎运走，结果上了飞机后，飞机飞不起来。就好比一个胖子最后上了电梯，电梯铃报警了，那对不起，您得下去。就这样，工作人员又把大鼎搬了下去，留在了南京机场。再后来，这大鼎被解放军看见了，马上转移到了南京博物院。

后母戊鼎的鼎身与四足是整体铸造的，是著名的方鼎。方鼎在鼎中是少数，不是多数，多数的鼎是圆的，三足，所以我们成语里有“三足鼎立”之说。

这个鼎耳是后铸的，是当时的焊接技术焊接的，那个时候的焊接技术还是非常好的。青铜大件器物通常是分铸的，简单来说，陶瓷也因为制作困难，大件陶瓷都不是一次成型的，都要有衔接。后母戊鼎出土的时候就少了一只耳朵。当时是谁挖的呢？这个人比较重要，叫吴培文。

时间要回到80年前，当年吴培文只有18岁。过去宗庙乡规都是有一些规矩的，按照乡规，谁家地里发现的东西，谁就可以享受至少一半的利益。

当时这个东西是从吴培文家的祖坟地里发现的。吴培文为什么去他家祖坟地里挖呢？因为一河之隔的小屯村出了龙骨，也就是我们说的甲骨，那时候大量的文物贩子跑到河对面的小屯村收购，很多人靠这个发了财。隔河相望，吴培文心有不甘，但是又不能跑人家地里去挖，只好在自己地里挖。一去，嘿！还真行。探杆探到12米的时候，就碰到了硬东西，于是他们就准备开挖。

当时遇到了一个问题，1939年，中日战争正处于胶着状态，当时安阳已经被日军占领，并在安阳修建了飞机场。飞机场离吴培文住的武官村非常近，目力所及。日本驻军对附近的一切都严密监视着。

挖还是不挖？大家有点犯难。如果挖，日本人不一定觉得你是在挖文物，如果以为你要挖一个地道来炸机场，那可就麻烦了。在自己的祖坟地里大动干戈，不仅惊动了先祖，还可能招来日本人，后果难料。于是吴培文有点犹豫，是不是先停一停？

可是人呐，永远是致富的欲望占上风。吴培文决定夜里开挖！深夜，吴培文找来了七八个兄弟，带着工具就去挖了。夜里趁黑干活，白天再把它掩盖住，躲过日本人的监视，就这样，他们反复折腾了三天。

头一天大家动作快，心气高，一下子就挖到了一截圆柱，不知是什么，一摸好大个儿，有点盲人摸象的意思。由于天快亮了，来不及完全挖开看看，所以大家匆忙掩盖了一下，就回家了。

第二天又添了人手，大家玩了命地干，东西终于挖出来了。一看，是个大方鼎，斜靠在土里。但是这鼎太大、太重了，拉断了几根绳子也拉不上来。怎么办？只好作鸟兽散，又把它掩盖起来。

第三天，大家备好了绳子和牲口，才把这大鼎从坑里拖了出来。

大鼎拉到吴培文家的院子里，大家多少有点窝心，千辛万苦地挖出来的大鼎，怎么少了一只耳朵呀？少了一只耳朵，这东西的价值就会受到影响呀！但谁也说不清为什么这大鼎少了一只耳朵。吴培文只好把大鼎先藏在自家院子里。

虽然吴培文把鼎藏了起来，但他挖到宝贝的消息还是不胫而走，迅速在村里传开。亲戚朋友们都来询问，说："你们发了这么大财，有没有我一份啊？"

数天后的一个黄昏，武官村来了一位访客。这人叫肖寅卿，当时是中国最大的古董商之一，他从北平专程赶到了安阳，来到了吴培文家。借着朦胧的月色，他见到了如此巨大精美的青铜大方鼎，便出了个价。

到底出了多少钱呢？有人说是两千大洋，有人说两万大洋，还有人说二十万大洋。不管多少，这在当时都是个天文数字！

但是肖寅卿要求他们把宝鼎解体——这大鼎太重了，没法运输。我们说大卸八块，他要求大卸十块。哪十块？方鼎四壁四块，四条腿四块，底是一块，剩下那个耳朵还是一块，加起来正好十块。肖寅卿先交了定金，等卸开以后再付尾款。

虽然把这鼎大卸十块有点于心不忍，但是大家一想，时间要是拖得太久，让日本人知道了就更麻烦了，所以吴培文就带着村民们开始分解大鼎。他们敲打锤锯，不见功效，用断了几十根锯条，只磨出一厘米深的小槽，这大鼎岿然不动。

锯不下来，那只好拿大锤砸。千辛万苦，最后只把仅剩的那只耳朵给砸了下来，最后拆鼎的事就告吹了。钱也没拿着，怎么办呢，只好把大鼎再次藏起来。

吴培文把大鼎藏在自己家里，耳朵藏到了邻居家里。什么意思呢？有好事的时候，将来卖了钱，好处一起分；如果惹了事儿，就大家一起扛。你知道吗？好事叫沾光，坏事叫粘包，也不知道当时这邻居是沾了光还是粘了包。

武官村挖出宝鼎的消息据说还是被日本驻军知道了。一天，日本军队包围了武官村，吴培文得到村里人的报信，溜了。日本人搜了一圈，最后还是没有找到。传说大鼎就埋在几米之遥的隔壁马棚下，这院子里有两个马棚，日本人得到的消息有误，空手而归，后母戊鼎因此躲过一劫。但吴培文此后就不敢回家了，离开安阳，过上了背井离乡的生活。

后来大鼎又被吴培文他们挖了出来，运到了县里。很多老百姓听说后都跑去参观，消息就此传开。到了这一年 10 月底，正值蒋介石 60 大寿，当地的国民党驻军司令正愁送什么礼物，县政府存放大鼎的消息传到了他耳朵里，他便将大鼎作为蒋介石的寿礼，用火车运到了南京。

当时蒋介石对大鼎还是很重视的，划拨到中央博物院筹备处保存。1948年，中央博物院筹备处与故宫博物院在南京联合举办展览，后母戊鼎首次公开展出，蒋介石亲临参观并在鼎前留影（图8）。这下子，后母戊鼎就算出名了。

图8 蒋介石观看后母戊鼎

1959年，中国历史博物馆成立，后母戊鼎从南京博物院运往北京。为了大鼎的美观和完整，历史博物馆就仿造了另一只鼎耳，放在了当时最重要的《中国通史》展览中展陈。如果你现在去国家博物馆参观，就会在二号中央大厅看到这件重器。

2005年，后母戊鼎回到家乡安阳展览。吴培文感慨万千，被允许上去摸一摸大鼎。他心里想着那两千块大洋，国家正好奖励他两千块，了了他一生的心愿。第二年，吴培文就去世了。

自商周以来，我们发现重量最沉的鼎就是这个后母戊鼎了。历史上还有没有更重的鼎呢？我相信是有的，只是我们还没有发现，可能还埋在中华大地的某一处。但在其他大鼎没有被发现之前，以重量计，这个鼎还是中华文明青铜时代的第一鼎，鼎定中华。

012

辽·金面具

内蒙古博物院藏

扫码听我讲
国宝故事

1985 年的夏天，在内蒙古的奈曼旗，有个青龙山镇——“青龙山”这个地名儿在中国特别多，中国人只要看到山是比较蜿蜒的，一到夏天带绿色的，都叫青龙山——当时这个地方正在修水库，为什么内蒙古自治区总修水库呢？因为内蒙古缺水啊，对水这事儿还挺重视的，得蓄水。开挖时，人们挖啊挖，突然“哐当”一下，撞到了一块青砖上。有人就跑过来问这是什么砖啊？有人告诉他这不是你们家用的砖，这砖叫“墓砖”！

这时候，发现的人就跑去报告了。跑哪儿报告呢？跑到了当时的奈曼旗博物馆。跟馆长说完，馆长就说：“走，咱先去瞧瞧。”瞧完以后，馆长也拿不定主意，就又上报到内蒙古考古研究所。内蒙古考古研究所里都是专业人士，他们去了很多次，经过实地勘察，说这墓葬的等级很高，咱一定得慎重。这事儿折腾来折腾去，就到了秋天。到了秋天就不挖了，为什么呢？这里有一个知识，内蒙古地区，不管是国家发掘墓葬，还是盗墓贼盗墓，一定都得在夏天。夏天有诸多好处，但我不能跟你们说得太清楚，说得太清楚就有人跑去了。所以得等到第二年开春，才开挖大墓。

墓葬一般都有几个部分：首先要有一个墓道，现在是得挖进去，修建时人都得走进去。其次一般会按照墓葬的布局设有前室、后室、耳室等各种室，这就要看墓葬是什么规格了。

这个墓葬就是由墓道、天井、前室、东耳室、西耳室以及主室六个部分组成的。天井是在建造墓葬的过程中往下挖土形成的竖井，当时是为了提土方便，多出现于大型墓葬的墓道和甬道的位置，是联通地上与地下的窗口。这墓道全长有16米多，跟汉代诸侯王的大墓实在是没法比，比如徐州狮子山汉墓的墓道全长117米！这个墓连人家的一个零头都够不上。游牧民族对丧葬无论多么重视，都跟汉族对丧葬的重视程度不一样。但从这个墓葬可以看出，当时的游牧民族，也在有意地向汉文化学习和靠拢。

这个墓葬的前室呈长方形，东、西耳室和主室平面则呈圆形。墓室的设计上，跟生前没啥区别，还安装有门槛啊、门框啊、门扇啊、门楣啊，这些设施都有。主室的内壁还有木头的护围墙，这点很重要，这是辽代王室贵族墓的一个重要特点，汉族墓则没有。为什么有木护围墙呢？是因为辽代契丹人的房子直接就拿木头盖，所以你今天去东北，当地人还会让你去住小木屋，就是这个原因，特亲切。

墓葬的主室里有砖砌形成的长方尸床。什么叫尸床呢？尸床就是人死了之后尸体躺的床。这个墓葬的尸床上，有两具尸骸并排躺着。这事儿有点奇怪，因为这很难啊，你想想他们俩得一块儿死啊！其实还真差不多，这二人是同年离世，相差不到几个月。哪年离世的呢？公元1018年，整整一千年前！你说这事儿巧不巧？

他们身上穿的都是什么呢？他们穿的比我们生活中穿的还要多：银丝网衣（图1），头戴金冠（图2），脸覆金面具（图3），脚穿鎏金银靴（图4），还系着腰带（图5）。周围的壁画上全是生前的日常场景。最后清点出来，墓葬品有3000多件。3000多件是什么概念？你今天去博物馆参观，3000多件看一天都未必看得完。其中大多都是用金、银、玉石以及玛瑙、琥珀、珍珠等名贵材料制作的用品，瓷器不多，只有30件，占百分之一。

说了这么多，这两位墓主人到底是谁呢？这是所有墓葬考古最重要的一个问题。

要证明这里是谁，最好的证据就是墓志铭。墓志铭基本上是从汉代慢慢

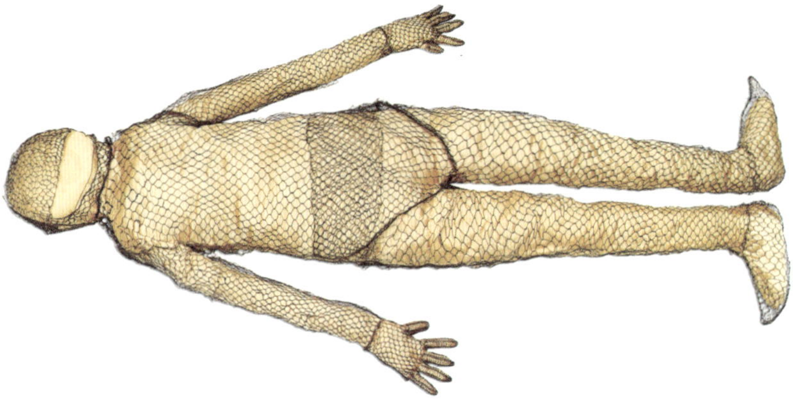

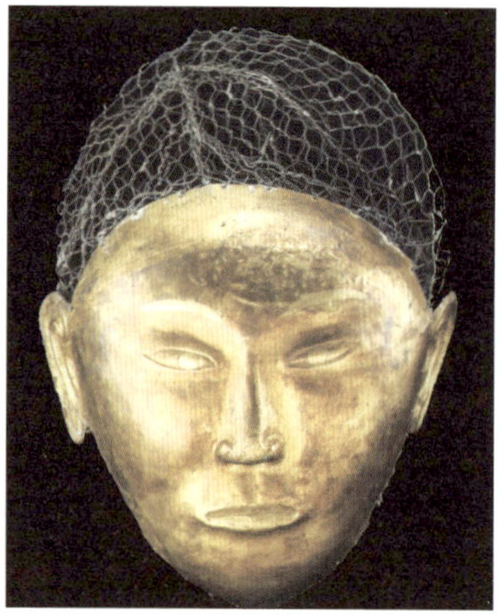

图 1 辽代 银丝网络
内蒙古博物院藏

图 2 辽代 高翅鎏金银冠
内蒙古博物院藏

图 3 辽代 金面具、银丝头网
陈国公主驸马覆盖 内蒙古博物院藏

图 4 辽代 錾花银靴
内蒙古博物院藏

图 5 辽代 银、铜銙银蹀躞带 内蒙古博物院藏

形成的，之前多用图章证明，魏晋以后逐渐形成，到隋唐成熟，隋唐墓葬如未盗掘，开棺就能看到墓志铭。这个墓中就出土了《故陈国公主墓志铭》，通过这方墓志，知道了这是一座公主与驸马合葬的砖室墓。这很有意思，我们社会中的墓葬基本上都是以男人为主，女人为辅的。但这座墓葬不是以男人为主，是以女子为主。

这位公主是谁呢？很奇怪，没写名字，历史上只知道她姓耶律。她只有封号，最初的封号叫“太平公主”。太平公主历史上多了，大家最熟悉的就是唐代的太平公主，有的史学家考证她叫李令月。这位辽代的太平公主，后来又被封为“越国公主”，之后又被追封为“陈国公主”，如果你非得记住她叫什么，可以叫她耶律太平。

这位公主 16 岁的时候，嫁给了年长自己十多岁的驸马都尉，叫萧绍矩。陈国公主与驸马其实是侄女与表叔伯的关系。现在一听像是乱伦，但这在辽代很普遍。墓志中关于驸马的介绍并不多，但查阅《辽史》可知，萧绍矩死时年仅 35 岁。岁数不大，官职也不大——驸马都尉，但他们都跟萧太后有关系。萧绍矩是萧太后的侄子，而陈国公主是萧太后的孙女，差一代人。辽代皇族规矩很严格，婚姻只能在耶律氏和萧氏两族之间进行，为了保证血统纯正。

萧太后跟杨家将的故事大家都比较熟悉。萧太后是辽景宗的皇后，辽景宗时，因支持北汉割据，与北宋常年交战。杨家将的故事就发生在这个时候。公元 986 年，宋太宗想要收回燕云十六州的时候，有一个著名的战役叫“雍熙北伐”，杨业就是在这次战役中阵亡的。他有个儿子，就是大名鼎鼎的杨六郎，大名杨延昭。耳熟能详的故事比如四郎探母、穆桂英挂帅，这些小说、戏曲都是演义，跟史实无关。

辽景宗 982 年去世后，他的儿子辽圣宗耶律隆绪 12 岁继位，他的母亲萧太后掌政。过去在战争中，都有骁勇善战的战将，但这些人都不大好管理，不利于她们孤儿寡母的统治。萧太后想：只有与宋朝和平相处，才能长治久安。那怎样才能和平呢？只能先打。之后就到了一个著名的年份——景德元年，也就是 1004 年。我们今天熟知的景德镇，就是因皇帝赐名而建镇的。中国古代以年号作为地名的还有浙江的绍兴、上海的嘉定。

景德元年（1004 年）的秋天，萧太后与辽圣宗率领辽国大军南下，连下数城后，兵锋直达澶州，就是今天的河南濮阳。阵势很大，离开封只有 300 里了，告急文书像雪片一般飞入宋廷。宋真宗赵恒是个老实人，心急如焚，说怎么也得找个明白人告诉我这到底该怎么办呀！要不然咱就溜？参知政事王钦若建议迁都金陵，也就是南京；枢密副使陈尧叟则主张去成都逃避。

在这危急时刻，性情刚直的寇准出来了，他说王钦若、陈尧叟这俩人都该杀！南京咱也不去，成都咱也不去，咱跟他们玩回命试试，他跟皇帝说咱得置之死地而后生。寇准再三劝谏宋真宗一定要御驾亲征，说您一定要亲自出马，您不亲自去咱这气势不够。宋真宗也真够老实的，就在寇准的极力劝谏下，心惊胆战地到达了澶州。去了之后还得备好往回跑的马，不行咱就往回跑。结果宋军看见皇上都来了，大受鼓舞，反败为胜。

这时候，萧太后马上派使者谈判。宋真宗本来就惧战，也派出和谈代表曹利用，临行前允许他付给对方银绢 100 万。寇准却叫来曹利用，下死令告诉他："我告诉你，只能给 30 万，否则提头来见，绝非戏言！"曹利用作为特使，利用自己的三寸不烂之舌完成了任务，宋辽划白沟河为界，每年给辽岁币银 10 万两、绢 20 万匹，并开市通商，以此条件签订了停战协议，这就是著名的"澶渊之盟"。

宋真宗闻讯，喜出望外，心花怒放。宋辽之间从此延续和平一百多年，直到辽亡。不打仗了，人民安居乐业，当然就要开始贸易。宋辽在今天的河北开辟了霸州、雄州、安肃军、广信军四个榷场。我们现在都不说榷场，而说商场，有个词叫"商榷"，过去去商场买东西，讨价还价是个过程，这个过程就叫"商量"，买卖是商量来的。

在榷场里，宋这边就用陶瓷、茶叶、布帛、谷米等商品换取辽国的金银、马匹、牲畜、药材等。宋廷通过贸易每年可以获利100多万两，一点儿也没吃亏。这里的雄州，就是今天河北保定地区的雄县，与安新县合称为"雄安地区"。

我们一开始说了，陈国公主墓里的 3000 件藏品里头只有百分之一的瓷器，你别看它少，少是有道理的。辽是游牧民族，比较喜欢耐摔的，比如皮质的、金属制的器皿，但之后慢慢有了定居思想，也有了榷场了嘛，就可以买卖了，所以也就慢慢喜欢上了这类瓷的器皿。

你别看这个墓葬里瓷器少，但它的类型还是很丰富的。有辽白瓷，有河北的定窑白瓷（图 6），还有越窑青瓷（图 7）、绿釉瓷器。当时的越窑盘子非常漂亮，北宋初年的越窑隐约还带有唐风呢。

这 3000 多件文物中最重要的是什么呢？就是金面具。为什么重要？因为它都扣脸上了，肯定是个重要的东西嘛！我们都知道人死了以后都希望自己死后如生，就像睡熟了一样平静，但由于疾病或者外力的影响，始终保持

图6 五代 定窑白釉“官”字款莲瓣纹盖罐 内蒙古文物考古研究所藏

图7 五代 越窑双蝶纹青瓷盘 内蒙古文物考古研究所藏

平静的美观是很难的，所以要做一个面具盖住它。

面具可不是中国独有的，全世界丧葬文化中面具都很重要，比如埃及，但很多材料不同。此外，契丹有种独特的丧葬习俗叫树葬。我们比较熟悉的有土葬、火葬、水葬、天葬、悬棺葬，契丹的独特习惯叫树葬，这有点儿木乃伊的意思。树葬是人死了以后不马上埋葬，而是把尸体放在树上，任其自然风化，等尸体风干了以后再把尸骨埋葬。冬天、秋天还好，夏天容易烂，为了美观，就做个面具盖住。

在辽代贵族墓葬中发现的金属面具、银丝网络等，主要的功能就是为了把尸体笼络住，让尸体保持完整，而不会因为停尸时间过长导致尸身散乱，有损主人的生前形象。

陈国公主墓中出土的这两具黄金面具和银丝网络不仅是最完整的，也是等级最高的。契丹建国之后，受到中原文化的影响，丧葬习俗也逐渐融合了中原的元素。除了单纯的树葬之外，还产生了墓室尸床等丧葬方式。此时距辽建国已经超过 100 年，许多文化都在逐渐向汉文化靠拢。正因为如此，我

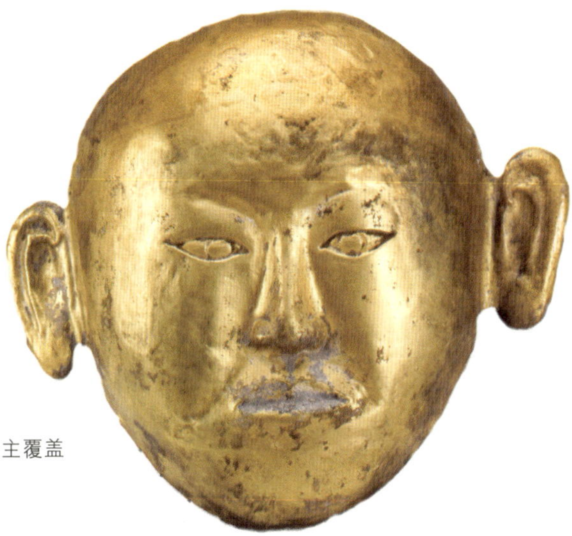

图 8　辽代　金面具　陈国公主覆盖
内蒙古博物院藏

图 9 辽代 鎏金银面具
赤峰市敖汉旗博物馆藏

们今天才得以一睹契丹公主的奢华陪葬。

那么这件如今收藏在内蒙古博物院中的金面具有多大呢（图 8）？跟真人脸差不多大小。面具厚 0.05 厘米，也就是半毫米厚，呈半浮雕状，是根据公主的脸型用薄金片捶击成型的。有一点跟我们想象的不一样，它的眼睛是睁着的。整个面具脸型圆润，鼻梁狭长，鼻翼略宽，抿唇，呈现安详、平静、端庄之态。

面具周边有 33 个小孔，作为连缀网络之用。公主死的时候不大，年仅 18 岁，这件面具尽可能地表现她的年轻。眉、眼局部捶錾，制作精细，将她那面庞丰圆、上额舒展的特点表现无遗。过去辽墓中曾发现过银面具、铜面具、鎏金铜面具，都不如这件纯金面具珍贵（图 9）。

有种金属工艺，今天叫捶揲［yè］，过去老古玩行都叫它捶揲［dié］。捶揲是没有模子的，手艺人看见你长什么样，直接照着就捶出来了。

你们想，当时这样一位工匠，没名儿，看着陈国公主年轻的面容不断地捶打，捶打出如此精致的金面具，我们真的要发自内心地感谢这位不知名的工匠，正是因为他的手艺，才让我们目睹了年轻美貌的陈国公主。

013

西周·何尊

宝鸡青铜器博物院藏

过去的城市中，无论大中小城市都会有一个系统，这个系统叫“废品收购站”。家里没有用的东西都攒到一起，卖给废品收购站。这废品收购站什么东西都可能收到，很多都是你认为是废品的废品，其实很多国宝是在废品收购站被发现的，无论是青铜还是其他，都可能在废品收购站被发现，比如陕西历史博物馆的战国一级文物“鸟盖瓠［hù］形壶”，还有首都博物馆的“班簋”等，都是变“废”为宝而来的（图 1、图 2）。

大部分的废品处理时都分门别类：报纸化为纸浆，金属部分都会卖给工厂。我小时候对废品收购站的印象就是铜特别值钱，一斤三块钱，三块钱在当时可不是个小数目，铜压秤啊，所以一小块铜就特值钱。其他的，比如报纸，呼哧

图 1 春秋 鸟盖瓠形壶 陕西历史博物馆藏

图 2 西周 班簋 首都博物馆藏

带喘地拎过去好多，却卖不了多少钱。我们今天的故事就跟废品收购站有关。

话说 1965 年年底，宝鸡市博物馆的一个工作人员佟太放来到了一家收购站。当时社会构成不同，有很多很有学问的人被分配到此，所以收购站净是明白人。一位熟识的老员工告诉他：又收到了一件青铜器，你看不看？说完就从里面的屋角里把这件青铜器拎了出来。佟太放接过来一看，立刻认出来这就是一件古代的青铜尊嘛！那时候也没人造假，他很高兴。随后他仔细地观察，意识到这件文物可能很珍贵，就向馆长汇报。馆长就派保管部的主任先去查看，保管部的主任赶到废品收购站后，断定这一定是件珍贵文物，便以收购站当年的购入价 30 元，将这件青铜尊带回了博物馆。

经专业的考古人员确认，这是一尊西周早期的青铜酒器，浑身以“饕餮纹”为主，所以当时就简单给了个命名叫“饕餮纹青铜尊”（图 3）。这尊

图 3 西周 何尊 宝鸡青铜器博物院藏

青铜器就陈列在了宝鸡市博物馆，也就是现在的宝鸡青铜器博物院。

由于当时的条件有限，此尊被收到博物馆后没有进行十分彻底的清理。青铜器为什么要清理呢？主要是铜锈分为有害锈和无害锈，有害锈会蔓延，被业内人称为“病毒锈”，青铜器会被这种有害锈搞得成为粉末，这锈色对青铜器是一个很重要的审美标准，被过去的人称为“红斑绿锈”。

那尊和瓶有什么区别呢？一般情况下，口小于底的，为瓶；口底相若的，也就是上下差不多的，为尊。比如著名的四羊方尊，口底就差不多（图 4）。但文物的命名不全是绝对的，都是相对而言，实际有很多变化。

这东西哪儿来的呢？收购站来的呀。收购站哪儿来的呢？老乡带过来的呀。老乡哪儿来的呢？这还用问吗？都是挖出来的。

宝鸡这地儿是青铜器出土最多的地方，宝鸡青铜器博物院有近两万件青铜藏品，以至于那地方经常出土青铜器，隔几年就有一新闻，甭管真的假的，大家都当真的。

这尊饕餮纹青铜尊是什么时候发现的呢？1963 年。1963 年有多久远呢？没多久远，那时我八岁，你们想吧。

1963 年深秋的一个上午，陕西省宝鸡市贾村镇村民陈湖家后院土崖被大雨

图 4 商代 四羊方尊
中国国家博物馆藏

冲塌了，因为没有大的安全隐患，家里所有人都没有在意。晚上，陈湖来到后院上厕所，在月光的照耀下，发现土崖上有两道幽幽的绿光，他感到一阵毛骨悚然，然后就跑回屋里。这一夜，全家都没有睡好，在提心吊胆中等着天亮。

第二天一早，陈湖就跑到土崖上想看个究竟。他走近后发现，昨夜闪着幽幽绿光的位置有两个铜钉从土地里冒了出来，他赶紧找来锄头挖，结果挖出了一件锈迹斑斑的青铜器。陈湖并不知道这件青铜器的重要性，清理了表面的泥土以后，就把它扛回屋了，放在家里当储物器用，用来存放粮食。

这故事一听，显然是瞎编的，以我过去在农村的经验，下大雨的时候夜里尿尿直接就尿雨地了，谁还去厕所啊？

“在月光的照耀下，发现土崖上有两道幽幽的绿光，他感到一阵毛骨悚然”，这一看就是文学描述、科幻小说。“幽幽的绿光”如果真有这事儿，那肯定是一双狗眼或者猫眼。

宝鸡青铜器特别有意思，埋得都特别浅，经常成堆出现，不知道前因后果，也不是陪葬坑，也不是祭祀坑，这种埋藏很大可能就是为了躲避祸乱，这就要配合历史来考证。陕西很多青铜器就是这么来的。近十几年也有这样的发现，比如 2002 年 1 月，陕西眉县杨家村农民王宁贤、王明锁等 5 人在村办砖场北坡取土时，发现了一处青铜器窖藏，共 27 件，轰动一时。2003 年，这五个人被邀请到北京“中华世纪坛”举办的陕西眉县青铜器国宝展览，出席剪彩仪式。我当时还被邀请为剪彩仪式的人员之列呢。眉县隶属于宝鸡市，所以印象很深。

再说这尊，当时挖掘的村民肯定不知道这是什么，不知道是什么不重要，但他知道这是个容器，能用，能用来存放粮食，这很重要，就拿它放米了。

到了 1965 年 8 月，陈家因为生活拮据，将这件青铜器与其他一些破铜烂铁一起以 30 元的价格卖给了废品收购站。

这个尊什么样呢？整个尊以雷纹为底。雷纹很像回纹，有很多种，美术上有个世界通行的概念叫“二方连续”，就是不停地拷贝，像长城垛子，有各种复杂变化。这是怎么来的呢？郭沫若曾经认为是从指纹来的。 雷纹是干什么用的呢？铺底，当底子。高浮雕处有饕餮纹。你说这东西漂亮吗？当然，青铜器个个儿漂亮。所以放在那儿也不起眼，因此就不被重视。

那它又是什么时候被重视的呢？这事又过了十年，到了 1975 年，这件文物被国家文物局调到故宫参加出国展。当时上海博物馆的馆长马承源先生也在展览现场，他是中国最著名的青铜器专家，他对这件纹饰精美的青铜器十分关注（图 5）。此时，他进行了仔细观察，有了一个新的发现，从口沿往尊的内侧底部看去，发现好像有铭文。这对青铜专家来说特别重要，只要有一个字，价值就不同。

为什么有字重要呢？因为有字传达的信息准确。于是马承源先生马上安排人对这件青铜尊进行了除锈处理。通过细致地处理后，这件尊显露出了它原有的面目。专家们发现尊的内侧底部铸有 12 行铭文，共 122 个字，除残损 3 个字外，其他 119 个字清晰可见。经过马承源先生的辨认，这段铭文是周成王的一篇重要的训诫勉励的文字。什么是训诫勉励文字？训，就是教导；戒，就是准则；勉励，就是鼓励，劝那些人努力。总之是一个好事。

那这段铭文具体又记录了什么呢？

开篇就是八个字："唯王初雍，宅于成周。"铭文比较难懂，大概意

图 5 马承源先生

思是说：周成王五年四月，周王开始在成周（今河南洛阳）营建都城，适逢对武王进行丰福之祭，成王对何（这“何”就是一个人名）说：你爹、你爷爷追随我爹、我爷爷，我爷爷受上天大命要统治天下，到我爹这会儿，把这事儿搞定了。到了我这儿入住天下中心，开始统治民众。最后，周成王又赐给何 30 朋。何因此就做了这尊，作为纪念（图 6）。这尊因此被称为“何尊”。

30 朋是怎么回事呢？30 朋是指贝币，五个为一串，两串为一朋，一朋就是 10 个，30 朋就是 300 个，听着真没多少。

这事儿有意思吧？这虽然是个故事，但这段铭文中有六个最重要的字。哪六个？叫“余其宅兹中国”。这六个字里最重要的是后四个字——“宅兹中国”。后四个字中，最重要的是两个字——“中国”！

知道了这段铭文的大意，你也很难知道这段铭文对历史的意义何在，也不知道它的重要性到底在哪儿。我们接着说一下当时的历史背景。

周朝是中国历史上一个十分重要的王朝。它从公元前 1046 年到公元前 256 年，一共有 790 年的历史。《三字经》说“周天子，800 年”就是个大概数，它是中国历史上最长的朝代。

图 6 何尊铭文

公元前 1046 年，周武王带着军队东征，在牧野（今河南新乡一带）打败商朝军队，随后攻入商朝都城朝歌，商纣王自杀，商朝灭亡。周朝建立，武王封地给商纣王之子武庚于商都。但是在周朝建立之初，商朝残余势力还在，当时的政权不稳定，所以又建立了东都，以便于管理。这件东西歪打正着，它并不是为了纪念这件事儿，而是捎带脚地提到了这件事儿。

“中国”这两个字，我们都很清楚，但在器物上出现“中国”两个字的，这是第一件，距今 3055 年了。

从铭文记载来看，周成王即王位不久，便听从周武王的安排，开始营建东都洛阳。那又为何叫“成周”？那是因为周人从西北而来，以洛阳居天下之中，居之以驭四方，以成就周朝。所以都名为“成周”。

《尚书大传》说：“五年营成周”，何尊上这段珍贵的铭文，能与《尚书大传》中的篇章相互印证补充，这就是我们所说的“以物证史”。铭文中最重要的是“中国”两个字，极其珍贵！这就是“中国”两个字的最早出处。

“中国”观念的形成，与西周分封制有关，也恰好印证了《诗经》中“民亦劳止，汔可小康。惠此中国，以绥四方”之说，这个意思就是说：老百姓也累了，差不多也该休息啦。爱护城中的老百姓吧，用来安抚四方。

“宅兹中国”，宅，我们今天常说“宅男”；兹，这里。字面意思就是我们宅在这里。也巧，这块土地按今天的国土面积也居于中国的中央。“中国”从一开始的地理概念——“中间之国”，到政治概念——“中央之国”，到清朝末年被广泛运用，一直到民国，再到中华人民共和国的建立，出现在官方正式文书当中，这是我们中国人理应记住的一件大事。专家的这次再发现，使何尊具有了无可比拟的价值，在国内外引起强烈震动。

命运周折，险些化铜的何尊，由于“中国”两个字的意外发现，成为我们国家的国之重宝。

014

战国·鹰顶金冠饰

内蒙古博物院藏

扫码听我讲
国宝故事

这事儿发生在鄂尔多斯草原。1972 年，生活在这里的王美子——这名字听着像个美女，其实是个老头儿，76 岁了。这么大岁数还在杭锦旗阿鲁柴登这个地方挖龙骨。挖龙骨干吗呢？卖给中药铺。那个时候的人生活十分不易。

龙骨，就是动物骨骼药材。甲骨文的发现就与它有直接关系。清朝光绪年间，古董商、金石学家王懿荣是当时最高学府国子监的祭酒——相当于校长（图 1）。有一次他看见一味中药叫龙骨，发现上面刻着奇怪的符号。他心里一动，翻看药渣，没想到上面的符号很像文字。于是他把所有的龙骨都买了下来，把每片龙骨上面相似的图案画下来，经过长时间的研究，他确信这是一种文字，而且比较完善，应该是殷商时期的。后来，商人们找到了龙

图 1 王懿荣

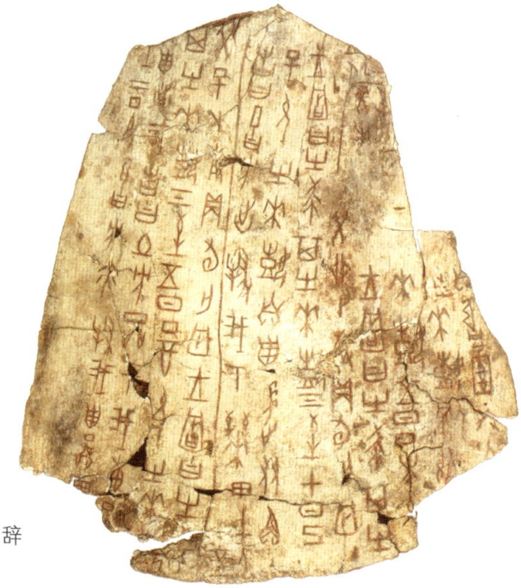

图 2 商代 “土方入侵”涂朱卜骨刻辞
中国国家博物馆藏

骨出土的地方——河南安阳小屯村。那里出土了一大批龙骨，以龟甲和牛肩胛骨为多，所以就把它们命名为“甲骨文”（图 2）。

王美子挖到龙骨的同时，发现了不少棱形铁棍，上面有金片——金子总是好认的，于是他就继续挖，陆陆续续发现了一堆，有各种材质的器物。当时的人没有独吞的概念，王美子赶紧回村报信儿。这一报信儿，挖的人就多了。

那个年月，人们的文物保护意识差，有人拿到了这东西就奔银行去卖。这银行也邪门儿，鼓励去挖。今天的银行主要就是存款取款，而当时的银行能收购金银。我小时候银行还收银元呢。

那时候的人有多无知呢？为了金银称重，把松石和宝石都抠下来扔了。后来银行里有明白人，往上反映，上面就派人来了，看了以后马上给老百姓做宣传，说这是文物，有价值，要好好保护。

再后来，专业的文物部门过来调查。这一调查不得了，发现这是一个匈奴的墓葬群。要知道，鄂尔多斯地区是匈奴人过去活动的中心。匈奴的墓葬由于埋得很浅，经风沙移动，逐渐风蚀，就暴露出地表，所以才被破坏了。

这里我们得讲讲，草原的丧葬文化跟中原的丧葬文化是有区别的。区别在哪儿呢？它埋得浅。

比如马王堆汉墓，最深的达 16 米；曾侯乙墓深达 13 米；汉代的诸侯大墓深 10 米——这是起码的。可草原不是这样，草原墓挖得浅，直接埋了，以后也不来祭祀。如果赶上冬季土都挖不动，怎么办呢？还有一种葬法叫“垒石葬”——把人搁到平地上，捡点儿石头就埋了。

这片匈奴墓十分可惜，破坏得很严重。但后来去挖掘的时候还是找到了一批重要文物，其中金器有 218 件，银器只有 5 件。有一件文物非常重要，它的主体是黄金的，但镶嵌有松石，这就是鹰顶金冠饰，俗称匈奴王金冠（图 3）。它是錾刻而成的，由冠顶和额圈组成，冠顶上装饰着一只展翅的鹰。

我们简单介绍一下匈奴的文化背景。

匈奴是生活在欧亚大陆的游牧民族，战国时期就与赵国、燕国、秦国发生冲突，汉朝时非常强盛，后来在十六国时期还建立了地方政权。

按照《史记》的记载，匈奴人的先祖是夏王朝末代国王夏桀的遗民。后来有西方人研究发现，认为匈奴是斯基泰民族的一支。

匈奴以狩猎、游牧以及畜牧为主，依靠的牲畜主要有马、牛、羊三种，其中又以马最为重要。饮食方面，匈奴人跟其他游牧民族一样，吃肉和乳制品，但特殊的是他们吃马肉。世界上吃马肉的民族是非常少的。有一种说法，北匈奴的一支最终落户于匈牙利。你看，匈牙利的“匈”跟匈奴的“匈”是一个字，匈牙利人在喜庆的时候还吃马肉。有时候他们也会吃鱼，匈奴的游牧文化是一种蒙古、辽金渔猎游牧的混合体。匈奴有完善的军事装备，马匹在匈奴人的生活中扮演着双重角色，平时作为交通工具，战时则成为战马。

匈奴与汉族的冲突源于生活方式的不同。我们是定居的，他们是游走的，生存理念不同就容易发生冲突。他们依仗于马打仗，我们用牛耕种，牛比马的力量大，但玩不到一块儿去，那就得一方把另一方征服了。一开始我们打不过

图 3 战国 鹰顶金冠饰 内蒙古博物院藏

匈奴，我们的马不如人家，如果骑牛打仗估计我们就赢了。你看日语中把游牧民族写成骑马民族，就比较准确严谨。人类文明中的冲突都是因为理念不合，三观不同。

打不过人家，怎么办呢？就得学习。其中最有名的一段故事被载入史册，叫“胡服骑射”。汉服宽松，没有束缚，走起来好看，但打仗不成，兜风。胡服紧身不兜风，胳膊、腿全能腾出来，便于骑在马上射箭。汉族人最擅长的就是学习别人的长处，最不擅长的就是学习完别人的长处以后，自个儿回不到自个儿的原地来了。

古籍上对胡骑的形容就八个字，叫“来如飞鸟，去如绝弦”。从描述上就能看出当时匈奴的移动速度给我们造成了多么大的心理压力。

图 4 十六国 铜鎏金木芯马镫
辽宁省博物馆藏

图 5 春秋 头盔
内蒙古自治区宁城县博物馆藏

赵武灵王叫赵雍，当年只有 15 岁，他下令让自己的精锐部队弃车乘马，加强了它的机动性。赵武灵王的改革立刻得到群臣的反对，说这是“变古之教，易古之道，逆人之心”。这三件事儿一开始都会有强大的阻力，但当你面对强大的敌人时，不变就得死，只能变。

汉代以后，骑兵变成了战争中的主力。尤其西晋发明了马镫以后，战争就变得异常残酷（图 4）。这是人类文明进化史中的必然阶段。中外都有漫长的骑马打仗的历史，延续了两千多年。我们中国的骑兵，到了 1985 年才撤去编制。我们过去国庆检阅，都有骑兵队伍从天安门广场走过。

骑兵作战的时候，最重要的就是保护头，要戴头盔。头盔多为金属制成，十分笨重（图 5）。所以骑兵一到了安全地带，第一个动作就是先把头盔摘下来，以减轻沉重的负担。所以，脱帽就意味着没有敌意，如果到了友人家，为了表示友好，也脱盔示意。这种习俗流传到今天就是脱帽礼。

头盔是帽子的一种。在古代，帽子也不是随便谁都能戴的，平民戴不起帽子，只是以巾裹头。历史上除了黑巾，还有白巾、红巾、黄巾，反正没人爱戴绿巾。

皇帝当然要戴帽子，这种帽子叫“冠”，冠明显要高级。现在能看到的

图 6 明万历 金翼善冠
定陵博物馆藏

最早的冠，就是定陵出土的万历皇帝的金冠（图 6）。过去秦始皇、汉武帝、唐太宗、宋太祖都戴冠，可惜咱都看不着了。现在戴冠这种文化的遗存，比如教皇戴冠，以显示地位；再有就是选美，夺了冠以后给戴上一顶皇冠。所以比赛中胜利了叫夺冠，就是这么来的。

“冠”字有两种读法：冠［guān］冕堂皇、沐猴而冠［guàn］，说的都是这“冠”，读法有所区别。

冠在古代很重要。古代人 20 岁行成人礼，今天你还在学校里读书呢。所谓冠礼，就是长辈给你戴上帽子，表示长大成人，得肩负各种责任了。首先是对家庭的责任，你有老婆、孩子、父母，中年男人还是很辛苦的。第二是对宗族，如今宗族概念很淡，代之的就是社会的层面，比如单位、邻居，过去一个楼道里的人都会互相照应着，去接个孩子、搬个煤什么的。再有一个就是国家责任，每一个人都要担负起国家责任。古代多说“家国”，就是这个意思——家国永安。

今天我们讲的这个鹰顶金冠饰，是内蒙古博物院的镇馆之宝。

这件东西的年代大约是战国晚期，距今两千多年了。重量有 1211 克，差点不到两斤半——两斤半顶脑袋上，还是挺重的。关键脑袋上不光是这个金冠饰，还有帽子呢。鹰高六七厘米，鹰头和脖子是松石的，其他部分都是黄金的。半球形的冠饰上有四匹狼、四只羊相互交叠的画面，下面的额圈则是卧虎、卧羊、卧马。

这顶冠饰的材料比较简单，就两种——黄金跟松石。这松石肯定是西域来的，呈现蓝色。游牧民族利用松石早，我们汉人利用松石比较晚。

匈奴自己没有文字，《史记 · 匈奴列传》是这样描述的，说他“毋文书，以言语为约束”，一言九鼎，说话算数。匈奴虽然没有文字，但却留下了证物。这件鹰顶金冠饰画面很温和：狼与羊都叠加在一起，尽管羊不是很高兴；鹰比较肥壮，猛一看像鹦鹉；其他动物都是刀枪入库、马放南山的状态。这冠是一个和平时期代表礼仪的冠。我们可以猜想，在某一个节日，匈奴王戴着此冠，穿着华丽的衣服，对酒当歌，载歌载舞。

这一景象是匈奴与汉族人共同的期盼。

015

西汉·金缕玉衣

河北博物院藏

扫码听我讲
国宝故事

《三国演义》中重要的人物刘备逢人便说自己是中山靖王刘胜的后代，这个后代有多“后代”呢？咱们知道自己往上最多就五代人：你自个儿、你爹、你爷爷、你的曾祖父、你的高祖，再往上就说不上去了。刘备是刘胜的第十七代孙，这上边还差着十二代人呢，你想刘胜到刘备那儿有多远。刘备边编草鞋边说“我是刘胜的后人”，以刘胜为荣耀，那么刘胜是谁呢？

中国封建帝制社会的第一个盛世叫“文景之治”，是文帝刘恒、景帝刘启创造的，前后有 39 年。这是一个公认的不存争议的“盛世”。而刘胜就是汉景帝刘启的第九个儿子。他弟弟比他有名——汉武帝刘彻，是老十。刘胜和刘彻是同父异母的兄弟。

公元前 154 年，也就是汉景帝前元三年，刘胜受封中山王。13 年后，他爹去世了，他弟弟继位，他跟皇位就没关系了，但跟王位有关系。

汉武帝听从大臣主父偃的建议，实行推恩令，就是允许诸侯王把原来只给嫡长子继承的封地分给所有的儿子们，不论嫡庶。最后使得各诸侯国越分越小，从而达到了一个目的，即加强中央集权。刘胜一看自己跟皇位没啥关系了，再说汉武帝也瞧着不那么好惹，就算了。咱当不上皇帝，但咱可以沉溺于酒色，妻妾成群。很多人沉溺酒色、妻妾成群，却以身体为代价最后暴亡。但人家呢？有成果，什么成果呢？生了 120 个孩子！你没听错，就是生了 120 个孩子。这不是瞎编的，正史上就有记载。中国历史上找不到任何正史记载有人生育能力超过他。

刘胜的日子过得太好了，他活了 52 岁，在位 42 年，是中山王里在位时间最长的一位，算是寿终正寝了。既然是寿终正寝，他就一定要找一块好地儿，到那好地儿埋了。谁也不知道，这一埋，2000 多年就过去了。

日子到了 1968 年 5 月 23 日，北京军区的工程兵在河北满城县县城西南山丘内执行国防工事。战士们在一个距山顶 30 米朝东的地带打眼放炮，“嘭”的一声闷响，没崩出什么石头来。一听那声音就有点儿不对，出于职业的敏感，战士们就过去看，探探究竟。

到了炸点，发现一个大坑洞（图 1）。战士们纷纷下洞勘察，发现洞内漆黑一团，气氛阴森，异味扑鼻。这异味儿可不是你们平时闻到的那异味儿，不是上厕所那异味儿。这味儿就是你没闻过的那味儿，这才叫异味儿。这些工程兵赶紧打着手电筒照着往里走，一看这里头什么都有：散落的瓦片、朽

图 1 打眼放炮后崩出的洞口

木、陶器、金属器……越往深处走，空间就越大。这时候终于有人明白了，说：“咱可能挖着古墓了！”

当时的人还没有那么强的文物保护意识，这战士随便挑了几件器物就迅速爬了出来，然后把洞封好，第一时间将这事儿向上级汇报。

1968 年正值“文革”期间，正是对文物大肆破坏的时候。对文物的破坏高峰期就是 1966 年的夏天到 1968 年的夏天，到处都在毁文物。而发现古墓的时候正好是 1968 年的夏天，毁弃文物的高潮即将落幕，如果再提前一年，这些东西很可能还没等到研究就毁了。战士看到的是第一道，他虽然不具备专业知识，但他带出了有效信息。河北省就派专家初步探查，专家下去一看，有马的骸骨、车马具、青铜器、漆器、陶器……不用问，这墓葬太大了。很快，河北省发现大墓的消息就报告给了国务院总理周恩来（图 2），周总理亲自批示，由中国科学院的院长郭沫若亲自负责这个墓葬的发掘（图 3）。

一个月以后，即 1968 年 6 月，在严格保密的状态下，由中国科学院考古研究所、河北省文物考古所和北京军区工程兵联合组成的考古队进驻了满城县城西南的这座山丘（图 4）。

考古队进入古墓以后，首先要判断这是什么时候的墓。这对“明眼人”来说特别简单。一件东西不能说明问题，而一墓室东西就特别说明问题了。专家一看这里的指向非常明确。在过去的墓葬中总能发掘出大量钱币，我们今天给逝去的人烧纸钱就源于这种文化。人死了烧些纸钱，让死去的人在阴间有钱花。而过去阴间花的钱可全是真钱，咱现在花的都是冥币，是假钱。考古人员在古墓中发现了大量的古钱币，从钱币的形制看，属于西汉的五铢钱（图 5）。西汉货币改革以后，五铢钱是使用时间最长的货币。那么在墓室里看到有西汉的五铢钱，你可以大致判断时间的上限，就是它最早不会早于西汉，但是你不知道时间的下限。换句话说，唐代墓葬里也可能出土五铢钱。

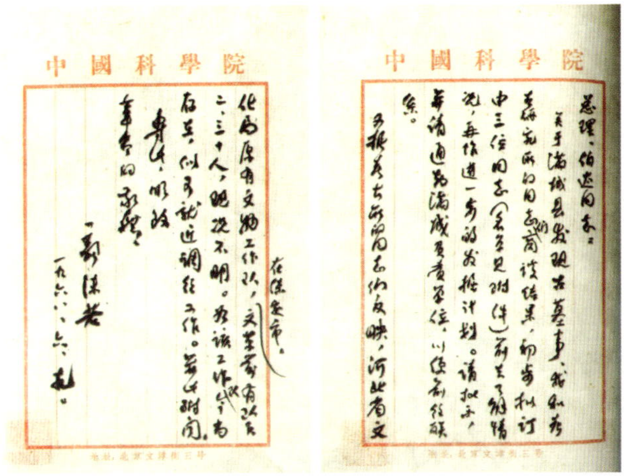

中國科學院

总理、伯达同志：

关于满城县发现古墓事，我和考古研究所的同志们商谈结果，即当拟订由三位同志（名单见附件）前去了解情况，再作进一步的发掘计划。请批示，并请通知满城负责单位，以便前往联系。

另据考古所同志们反映，河北省文化局原有文物工作队，在保定市。文革前有队员二、三十人，现状况不明。如该工作队仍尚存在，似可就近调往工作。当否，请批示。

专此，敬致

革命的敬礼！

郭沫若

一九六八、六、六

图 2 郭沫若给周总理的请示信

图 3 郭沫若在发掘现场

图 4 解放军战士参与考古发掘

图 5 西汉 五铢钱 河北博物院藏

在接下来的发掘中，人们就特别留神文物中的字样。

除五铢钱之外，很多青铜器上发现了刻有“中山府”或“中山内府”的字样（图 6、图 7）。那么这铭文中的“中山”是哪儿呢？根据古籍记载，在今天河北保定满城一带，当时有一个中山古王国。这古王国命运多舛，在它生存的日子里反复被灭过几次，最终在公元前 296 年为赵国所灭。虽然这中山国被灭了，但“中山”的名字保留了下来。所以到了西汉年间，古中山国一带被皇帝分封给诸侯王，封国沿袭旧名，仍取“中山”二字。那么从诸多的线索看，这座古墓的主人非常可能是西汉中山国的一位诸侯王。

有个问题出现了，根据史籍记载，西汉被分封的中山国王一共有十位，那这座墓葬到底是哪位的呢？

我们老说文字能帮忙，有很多青铜器上刻有“中山内府，某某年”，这“某某年”涉及的年代有卅二年、卅四年、卅六年，还有卅九年（图 8）。这“卅”代表 30。中山国有过十个诸侯王，在位时间不等，绝大部分中山王在位时间都是十来年，只有一位诸侯王在位 42 年，这个人是谁呢？这人就是刘胜。

铭文虽然指向刘胜，但这证据不是铁证，考古学研究有一个论据叫“孤证不证”，你必须还有其他的证据来辅佐它。

图 6 西汉 有“中山府”铭的铜卮灯
河北博物院藏

图 7 西汉 有“中山内府”铭的铜鋗
河北博物院藏

图 8 西汉 有“中山内府”、“卅四年”铭的铜钫
河北博物院藏

在接下来的勘探中，考古队员发现，除南北耳室和大厅以外，在中室西南处还有一个尚未打开的后室。后室被一道汉白玉石门牢牢地封死，同时储有毒气。工作人员将封堵的石门的黏土清除，经过重重机关终于进入了石室。一闻，这毒气也没什么毒，就是吓唬人的。

后室的布局十分考究，考古队员在后室的主室中发现了一套铠甲和一些兵器——发现兵器，可以由此推断墓主人为男性（图 9）。同时，考古队员在主室的北侧还发现了一处汉白玉棺床，这个位置应该就是放置墓主人棺椁的地方。棺椁一旦打开，所有的信息就应该大白于天下了。

历经了两千多年的夹苎红漆棺椁已经完全糟朽塌陷。考古队员清理了棺

图 9 西汉 错金铁匕首 河北博物院藏

木上的漆皮和朽灰以后，越来越多的玉片展露了出来。玉片大致是一个人形，根据专业考古经验判断，这是一件保存完好的“金缕玉衣”（图 10）。

什么是金缕玉衣呢？中国古人认为玉可通灵，我们读《红楼梦》都知道，贾宝玉生下来嘴里就衔着一块通灵宝玉。“天降祥瑞”，“瑞”就是玉的意思。古人认为我们可以跟上天沟通，以玉殓葬能够引领死者灵魂升天，保证尸体不朽。早在西周时期，就已经有了葬玉的习俗，东周时期玉衣就出现了雏形，有缀玉的覆面和缀玉的衣服。到了汉代，玉衣开始流行。玉衣又被称为“玉匣”，顾名思义，就是一个匣子一样的东西，把逝去的人装在里面。你听着很恐怖吧？但还真轮不上你穿，能够穿玉衣的必须是帝王和贵族。

按照《后汉书 · 礼仪志下》中的记载，玉衣又可分为金缕玉衣、银缕玉衣、铜缕玉衣，另外还有丝缕。皇帝的玉衣不用问，肯定是金缕的；诸侯王、列侯用的是银缕；帝妃、皇后、长公主用的是铜缕。“金缕玉衣”的出现，证明墓主人的权力巨大，再加上之前铭文年代的指向，墓主人就是中山王刘胜无疑。

问题是刘胜身为王，为什么他的这身玉衣却使用了金缕呢？有这样几种可能：可能是西汉初期玉衣的使用还没有形成那么严格的规定；或者是汉武帝对他这位哥哥破格提拔，由银缕提拔成金缕；再有一种可能就是僭越——我就这么穿了，我死了你能拿我怎么着？

前面我们说过，汉代皇室贵族穿着这种特制的葬服，目的是企图保持尸骨不朽。当然，这只是古人的一厢情愿，刘胜墓中的金缕玉衣发掘出来时，尸骸已经非常腐朽了，只剩下一些牙齿的珐琅质和骸骨的残渣。那时是在1968年，要是搁今天，这牙齿备不住还能提取出DNA呢！要是能提出DNA来，马上就能知道刘胜的后代都有谁，估计刘备就彻底没戏了。

河北满城汉墓中山王刘胜的金缕玉衣发掘前，人们对史籍所载的汉代“玉匣葬服”的具体形象都知之甚少。以前也确实出土过玉衣，但严格说都是损坏的玉衣片，不能说明什么问题。刘胜的这件金缕玉衣出土时非常完整，就在石棺的原位上。所以刘胜的金缕玉衣是我国考古历史上年代最早又最为完整的一件，它为研究西汉的葬制，西汉的玉、石、金等工艺提供了极为珍贵的实物资料。

刘胜墓出土的这件玉衣全长有多少呢？大概1.88米。刘胜的个头儿肯定高不过一米八九去。由脸盖、头罩、上衣前片、上衣后片、左袖筒、右袖筒、左手套、右手套、左裤腿、右裤腿、左鞋、右鞋等12个部件组成，共用玉片2498块，差两片将近2500块。其中最大的一块在脚底板上，最小的一块在手套的部位，指甲盖大小。当时为了穿戴方便，袖筒、裤腿、手套和鞋都设有开缝。

玉衣的玉片表面琢磨得细腻光滑。这玉片跟你脑子里想象的不大一样，首先它不像你想象的那么白，它不是羊脂白玉，而是呈现碧绿色。据中国科学院地质研究所分析，玉衣所用的玉料应该来自辽宁的岫岩。中国古代有四大产玉地区，我们知道的古玉跑不出这四个地方，现在得有400个地方产玉。

那么古代是哪四个地方呢？质量最好的首推新疆和田，其次就是河南南阳，然后就是陕西蓝田和辽宁的岫岩。那为什么玉衣要用岫岩玉呢？是因为岫岩玉的玉质比较软，方便打磨，也便宜。

编缀玉衣所用的金丝长短粗细不一，一般长四五厘米，最细的直径仅为0.35毫米。最令人惊叹的是一种合股金线，用12根极细的、横断面不如头发丝的金丝拧成。根据中国科学院考古研究所技术室清理和复原时的统计，玉衣所用的金丝重量约1100克，一公斤还多。汉代有专门主持制作皇陵殓葬器物的“东园”，东园的匠人就是负责制作金缕玉衣的工匠。根据汉代手工业的生产力，制作这样一件金缕玉衣，需要花费一个老玉工匠至少十年的时间。

刘胜墓出土的这件金缕玉衣作为国宝，它单独传递的文化信息很少，就

图 10 西汉 金缕玉衣 河北博物院藏

是玉片以金丝连缀成片。它最大的价值是它的整体存在，尤其还有完整的出土报告，才能产生巨大的文化价值。这种文化价值跟中国人对玉的传统认知发生直接的关系。而玉文化又是中国独有的文化，只有中国人才对这种文化有感情，而且把它提高到极高的地位，所以金缕玉衣就显得十分重要。

后来这些年又发现过很多玉衣，比如徐州狮子山汉墓出土残损的金缕玉衣、徐州刘和墓出土的银缕玉衣等，这些玉衣都在刘胜墓这件之后陆续出现，但论信息的完整性都远不及刘胜墓的这件金缕玉衣。

刘胜墓金缕玉衣真实地再现了汉代最高等级的丧葬文化，这个文化到今天一直影响着中国人。中国人“重死不重生”。其实在传统的玉葬文化中，不仅有玉匣（即金缕玉衣），还有九塞（图 11）。九塞是什么呢？就是哪儿有洞，把哪儿塞上，塞不上就盖上。包括：耳朵，两个耳塞；鼻孔，两个

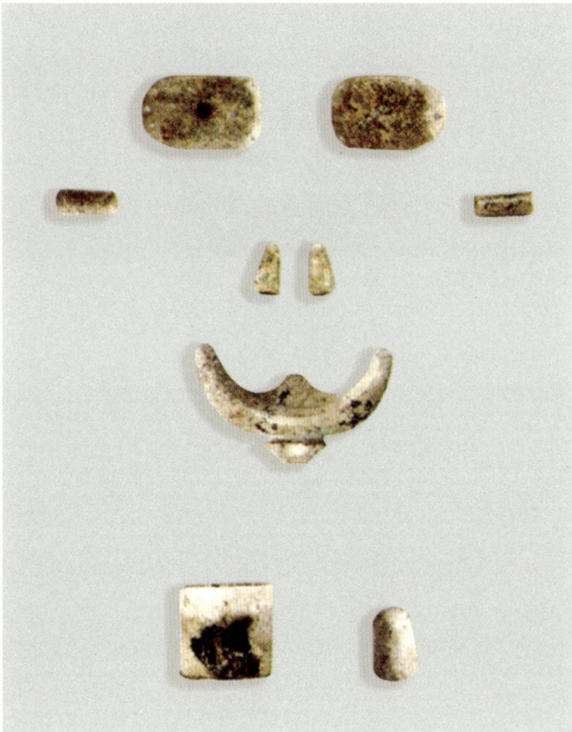

图 11 西汉 玉九窍塞
河北博物院藏

鼻塞；眼睛没有孔，有俩眼盖；嘴巴算一个孔，里头含着一个玉叫“晗”，知了形，俗称“季鸟”，古人认为这个蝉寓意高洁，有重生的能力。另外还有俩——生殖器和肛门。塞住就是怕灵魂出窍，可保元气不散、精气不泄、灵魂不朽。

玉文化在丧葬文化中是非常重要的一支，河北满城汉墓刘胜金缕玉衣体现了丧葬文化的最高等级。你今天去河北博物院参观，一定会在最显著的位置上看到这件金缕玉衣。中山王刘胜所留下的最宝贵的财富就是这件金缕玉衣，而不是他那 120 个孩子。

016

唐·武则天除罪金简

河南博物院藏

扫码听我讲
国宝故事

这是一个十分不可能的故事，听着跟瞎编似的，但它就是一个真事。

1982 年 5 月 21 日，河南登封有一个农民，叫屈西怀，当时他还很年轻，主要工作就是和同伴在嵩山上采药。采药这活儿不仅危险，还枯燥，所以当时他就自个儿给自个儿找乐子，捡块石头从山上扔下去，听这声响。我也扔过，当年我一个人在美国落基山脉挺空旷的一个地方，就我一个人，也不害怕，捡起块石头扔下去，就听这石头碰撞在山谷中的回声。这孩子扔着扔着，有一个问题，山上圆石头没那么好找，大多数石头都是有棱有角的。屈西怀找着找着，就在山顶峻极峰北侧的石缝中发现了一片黄纸片儿，这东西闪亮登场！

最初，他以为这是一张包点心用的黄纸片儿，那时候，“镀金”纸片儿包裹点心很流行。结果拿在手里一掂，发现这不是纸片儿，是一铜片儿，上面还有字，看着基本上都认得，但念不成句，就拿回家了。

回家后，村里有明白的人就说，这东西可能是一件文物，备不住是黄金的。这消息很快就散出去了，之后就有人找他来收购。人家看来看去，说这东西卖给我吧，我出多少多少钱。屈西怀听到这钱就害怕了，晚上睡觉噩梦连连，也不知是福还是祸。之后，政府也知道了这件事，找到了他，他就把这个国宝献给了国家。政府一看这东西不得了，奖励他 1500 块钱。在 20 世纪 80 年代初，1500 块是个不得了的数字，他就拿着这钱踏踏实实盖了房子。什么东西值这么多钱呢？经河南博物院的专家鉴定，这东西跟武则天有关，是唐代女皇武则天的除罪金简！

什么是除罪金简呢？很简单，就是有钱人除罪消灾的一个凭证。为什么武则天要写这除罪金简呢？其实她就想获得自己内心的一个平静。我们中国人都讲究一种文化，叫“心诚则灵”，钱要花得到位。武则天有钱，就做了一个黄金的。

这个除罪金简长36.5厘米，宽8厘米，厚不足1毫米，重量精确到233.5克。这重量大概跟海昏侯墓葬出土的金饼差不多，金饼一般都是汉代一斤，大约是今天的250克。黄金的纯度非常高，在96%以上，这算非常纯了。金简是个长方形的，上面镌刻双钩楷书铭文3行63字。写的是什么呢？原文是这样的：

> 上言：大周圀（国）主武曌好乐真道，长生神仙，谨诣中岳嵩高山门，投金简一通，乞三官九府，除武曌罪名。太岁庚子七月庚子七日甲寅，小使臣胡超稽首再拜谨奏（图1）。

这“上”，当然指的是女皇武则天。这个“圀”是“国”的异体字，“曌”字知道的人就多了，日月当空照，这是武则天的名字，这俩字都是武则天生造的。道家称天、地、水为“三官”，“九府”泛指各方神仙洞府。

这金简什么意思呢？就是说武则天在久视元年（700年）七月七日来嵩山祈福，遣道士胡超向诸神投简以求除罪消灾。这是中国发现的唯一的帝后除罪金简，为研究武则天的一生提供了重要的实物资料。

武则天为什么要写这个金简呢？

武则天这个女人不是个常人。她为了掌握权力，连儿女都不惜杀死，更别说别人了，谁挡着她都不行。人杀多了，会有一种东西跟着，这东西叫“罪孽”，武则天感觉自己罪孽深重，只能下地狱而不能升天，所以自己就害怕。过去古人有一怕，就是怕下地狱，即便她是一国之君，做事儿也有所顾忌。那恶事做完了怎么办呢？只好给自己找个后路，把这个愿望跟一个比自己还大、比自己还牛的人去说。上哪儿找这个人呢？这人还真有，就是天神。怎么说呢？做一

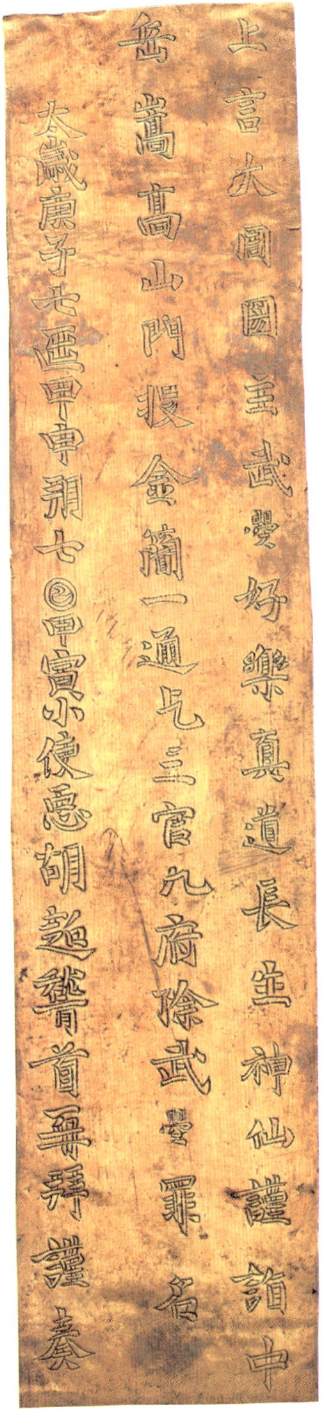

图 1 唐代 武则天除罪金简
河南博物院藏

块金简，把自己的乞求刻在金简上，留在嵩山，就可以除去罪孽了。

圣历三年，久视元年，即公元700年4月，这一年武则天77岁。她到登封城三阳宫游幸，得了病，生病期间她就盘算着这事儿。痊愈之后，恰逢七月七“乞巧”日。这天，她游历了嵩山，派一名道士，这道士叫胡超，带上金简到嵩山山门投递。什么是山门呢？现在名胜古迹都要有一个界为入口，这就是山门，过去“投山门，奔山头，投名刺”就是这意思。金简上的文字，就是武则天对中岳祭拜的祈祷词，你可以认为是武则天拜谒中岳嵩山入门的“名片”，即所谓的“入门投刺”。

金简发现的这个位置，推测应该是有意放的，不是随手一扔。胡超这个人规矩，让放哪儿就放哪儿，如果不规矩，直接卷巴卷巴，搁袖口就带走了，回家一熔，这金子就成自己的了。如果胡超后来跑到那个地方去取，那这个东西我们今天也就看不见了。胡超规矩，所以这一搁就搁了1282年，终于被屈西怀给捡到了。

中国古代，天子都以玉封禅、祭天，为什么武则天偏偏用金呢？从考古学上看，金制器物在商代之前就已出现。至少在汉武帝时，金制的器物已经和延年益寿、封禅成仙连在一起了，被赋予了神秘的宗教色彩。

《史记》里就有记载，一个叫李少君的方士对汉武帝说过：用黄金制成饮食器就可以延年益寿，你到了蓬莱仙山见到仙人，见之封禅，你就死不了了。这大概就是为什么我们有一种说法叫“金饭碗”的来历（图2）。

这个说法特别容易延续，为什么呢？权威高的人都怕死。你看唐代出土的金器就比较多，而且还都服食金丹。到了武则天时期就更流行了。由此可见，用金简承载“好乐真道，长生神仙”，符合她一生的所为，也符合神秘神圣的宗教诉求。

我们对武则天的了解，除了电视剧还有一处旅游胜地——乾陵，这是武则天和她丈夫的合葬墓（图3）。这个大墓是明面上你能看到的。有两个帝

图 2 清代 金碗
故宫博物院藏

王大墓是专家认为从未被盗掘的：一个就是这个乾陵，一个是秦始皇陵。

其实唐朝末年，黄巢打算盗掘乾陵，挖出了一条很长很深的大沟，但他没有找到墓道口，只好作罢。今天在陕西乾县梁山主峰西侧，仍有一条深沟被称为“黄巢沟”。

五代时，后梁崇州节度使温韬也挖过，也没戏；民国初年，军阀混战，盗掘古墓成风，国民党一个叫孙连仲的将领以保护乾陵为幌子，用真枪真炮演习的方法掩护一个师的兵力盗掘乾陵，也没戏。

1958 年，当地有几个农民放炮炸石，无意间倒把这墓道口给炸开了！经专家组发掘确认，被炸开的地方确实是地宫墓道，并于 4 月 3 日开始发掘，墓道砌石全部披露。国务院总理周恩来对《乾陵发掘计划》作出了“此事可以留作后人来完成”的批示。之后，国务院再次发通知，要求“全国帝王陵墓先不要挖”，乾陵的发掘就此停止。为什么停了呢？因为 1956 年到 1958 年的定陵发掘期间，由于当时的技术原因，发掘出来的藏品不能得到很好的保护，丢失了大量的珍贵信息。

关于武则天的心狠手辣、杀儿杀女、废黜王皇后的故事，电视剧里你们看得很多了，这里就不再赘述。但有一个事儿，就是人的多面性不是很好解释的，比如武则天自己给自己立下的无字碑就很难解释（图 4）。

我去乾陵不止一次，这个无字碑我看过。一般的碑正面都是宽的，侧面

图 3 陕西乾县唐乾陵远眺

看都是薄的。但武则天的这个无字碑，高有 7.5 米，相当于两层半楼那么高，宽 2.1 米，厚有 1.5 米——它宽厚的比例非常接近，看着就有点像方的。总重量 100 吨，非常壮观。碑的两侧各有一条线刻而成的腾空飞舞的巨龙，栩栩如生。但这石碑最大的特点，是通体无字。

立碑就是为了写字，武则天这个无字碑到底是出于什么考虑呢？

历史上有关武则天设立无字碑的原因一般有三种推论：第一，武则天认为自己功劳太大，功德无量，一座墓碑写不下；第二，武则天自知罪孽深重，也十分心虚，无颜为自己立传；第三，武则天崇奉道教，杀了许多儒生，而前史都是儒家书生写的，为了不让儒家恣意报复与抹黑自己，故立无字碑。

宋金以后，有人就开始往上面题字，使“无字碑”成为“有字碑”。再历元、明、清各代，碑上逐渐镌刻了许多文字，不仅在内容上自然形成了评价武则天的“碑文”，而且在书法上，篆、隶、楷、行、草五体皆备。或许这连武则天自己也没有想到，也不是武则天当初立碑的本意。

公元 705 年，武则天去世。1300 多年来，多少人从她的墓碑前走过。

图 4 无字碑

墓碑无字，但金简有字，表示忏悔。谁都犯过错，年轻的时候很容易糊涂，但她还算一个明白人，无字碑至少能表明武则天有所畏惧。无字碑和有字金简形成强烈对比。重达百吨的无字碑和不到半斤的金简，这二者都是国之重宝，都是武则天留下的重要文化遗产。一个以无字著称，一个以除罪闻名。

017

元·青花云龙纹象耳瓶

英国大维德基金会藏

北京东城有个不大不小的庙，叫智化寺，今天算是一个小小的旅游景点。很多北京人都不知道，但我知道，因为离我家近，骑车也就 5 分钟，我很早以前就去过这个寺院。它有相当长的一段时间是封闭的，“文革”期间也不开放。后来有阵子智化寺进行修复，我就进去看看。20 世纪 90 年代的时候我在那里办过家具展，后来慢慢地就对它有所了解了。

智化寺是明朝正统年间大太监王振的家庙。王振非常有名，土木堡之变跟他有直接关系。王振是明朝三大太监之首，其次是明中的刘瑾、明末的魏忠贤。

在中国近代文物史上，有两件大事与智化寺有关。第一件事是智化寺的藻井。智化殿、万佛阁的两方藻井在 20 世纪 30 年代被卖到了美国纳尔逊·阿特金斯艺术博物馆和费城艺术博物馆。今天到美国去，依旧可以看到这两座博物馆中的藻井陈设，这令我们有点痛心疾首。

另一件事就是一对青花大瓶流向海外。这对大瓶，全称为“元青花云龙纹象耳瓶”（图 1），最初一直作为供器陈设在智化寺。至于在智化寺之前的故事我们现在就不清楚了，唯一清楚的信息是瓶子上写的那些字（图 2）。

从文字中我们可以了解到，这对大瓶是一个叫张文进的人为江西婺源县灵顺庙所订烧的，但灵顺庙在他订大瓶的次年就毁了。估计这对大瓶烧好后没来得及送到庙里，否则也不可能进入智化寺。

瓶身上的信息很清楚，写着“至正十一年”（1351 年），那时候是元朝。那问题来了，为什么写得这么清楚还给卖出去了呢？就是因为当时的人都不

图 1 元代 青花云龙纹象耳瓶（一对）
英国大维德基金会藏

图 2 元青花云龙纹象耳瓶上的文字

懂。20 世纪 20 年代，由于民国以后兵荒马乱，智化寺穷得什么都卖了，有人就从智化寺老僧手里买到了这对大瓶。这人从智化寺出来就奔了琉璃厂，到了琉璃厂，没想到所有人都笑话他，说他买的这东西是一瞎活。什么是瞎活？古玩行的术语，就是赝品，假的。

为什么当时的高手都会认为它是赝品呢？因为民国时期没有专家，专家都是古董商。古董行里所有的人都坚定地认为，元朝就没青花这东西！元朝不可能有青花，青花是永宣时创烧的，这是个定论。其实不光民国人这么认为，清朝人也这么认为，不止清朝人这么认为，明朝人也是这么认为的！所以，自明到清到民国，大家都认为元朝没有烧过青花。所以，当这对写着元朝纪年的青花大瓶出现时，所有的古董商都认为这对大瓶必假无疑！也就没有人去研究这字写的是什么。

最后，这东西就当赝品卖给了外国人。这中间应该还有些环节，但我们已经不是很清楚了。据说，当年的古董商把这大瓶卖给外国人以后击掌而庆，说终于卖出去了！如果当时这对大瓶上不写字，估计我们自己人就把它当成明朝的了。

图 3 大维德爵士与其夫人

由于海外资料保存完善，这对青花瓶在国外流传的情况就比较清晰。它们被运到了英国后，先由当地的一个收藏家收藏。后来这位收藏家又再次卖出，他比较精明，把这对青花瓶拆开了卖，一只卖给了大维德爵士（图3），另一只卖给了收藏家罗素。

要知道，卖古董跟卖鞋可不一样，鞋卖一只是卖不出去的，而古董一对拆开了卖，可能比一起卖还多卖点儿。后来，大维德和罗素都知道对方还有一只，都想把对方的那一只买过来，凑成一对。罗素鬼得很，因为熟人之间不好谈价，于是他干脆把手中这件大瓶送到拍卖行了。最终，大维德爵士在1935年以360英镑获得此瓶，两瓶重聚，由大维德基金会保存至今。这对青花大瓶今天在国际上有一个流行的名字，叫“大维德瓶”，因为是大维德爵士最重要的收藏。你千万不要小看360英镑，当时这钱在北京买几个院子都绰绰有余。

大维德爵士，今天只要是玩瓷器、玩青花的，不可能不知道这个人，他是世界上最著名的中国陶瓷收藏家。他出生在印度孟买的一个富裕的犹太裔家庭，他父亲是当地著名的银行家、印度银行的创始人，家族经营银行和纺织品生意。他父亲去世后，他就继承了家族的生意和爵位。大维德曾在英国剑桥大学读法律，同时开始喜欢中国文物，继而收藏。为了收藏和研究中国古董，大维德甚至自学了中文，后来还成了汉学家。

1924年，他第一次来到中国。当时正赶上溥仪出宫，故宫比较乱，当时故宫博物院还没有开放呢！他夫人回忆说，当时紫禁城的珍宝被杂乱无章地堆放着，没有人去想展览这事儿。大维德就说服了当时的官员，挑选出一些珍品，向市民开放。但展览需要钱啊，大维德又给予了经济上的支持，后来这个展览取得了巨大成功。

1927年，大维德再次来到北京，接触了很多清室善后委员会的成员和古董商，并购买了大量的官窑瓷器。据记录显示，当时他买了有40多件。这批瓷器是末代皇帝溥仪抵押在盐业银行的，银行在得不到还款的情况下直接就把它卖了。

此后，大维德多次往返于中英之间。1929 年，故宫景阳宫大修时，大维德解囊捐款，随后被聘为故宫博物院的顾问，参与了陶瓷陈列馆从展品遴选、展览设计到撰写说明的工作。

1935 年春，故宫开放 10 年了。大维德发起和策划了“伦敦国际中国艺术展览会”，并作为总干事来到中国挑选展品，共选出艺术珍品一千多件，这些宫廷文物在英国皇家海军的护卫下抵达伦敦（图 4）。

这是有史以来，西方最大的中国古代艺术大展，距今 80 多年了。其阵容空前，精品荟萃，在当时取得了巨大的成功，被世界媒体称为“伟大的展览”。由于大维德爵士的积极推动，使得西方人开始重新认识中国艺术。

西方人早期认识中国艺术，都是通过商品，比如我们说的海上丝绸之路上卖过去的外销瓷。但这次是通过中国的宫廷艺术品，使西方人进一步地了解中国艺术。

大维德爵士年老时，决定把自己的藏品全部捐给英国伦敦大学。在 1952 年 6 月 10 日对外免费开放，一直到 2007 年。后来伦敦大学又与大英博物馆达成协议，将大维德将近 1700 件藏品交由大英博物馆暂时收藏，并从 2009 年开始，在大英博物馆新建的 95 号展厅中永久性展出。依据大维德的生前所愿，所有藏品永久性免费开放。

这个厅我不止一次地去看过。在我最早去大英博物馆的时候，还没有这个厅呢，后来再去就有了。这个厅对于 1700 件藏品来说不算很宽敞，所以东西就排列得特别密集，都是摞着的，琳琅满目，看不过来，有点像个密集的商店。尤其那颜色釉堆在一起的时候，红黄蓝白，非常鲜艳（图 5）。

所有人一进这个展厅，都愿意先和这对大瓶合影，我也有张和它们的合影（图 6）。这对大瓶近些年也回国省亲过。2012 年，上海博物馆 60 周年馆庆，举办元青花大展，借回来展过一只，展览后又匆匆忙忙还回去了。

图 4 展品抵达伦敦

图 5 颜色釉瓷的展陈

图 6 我与元青花云龙纹象耳瓶

我在这对大瓶面前仔细驻足看过，这瓶子有点不周正，实际上象耳底下还应该有环，不过已经丢失了，但整器基本保存完好。它的纹饰自上往下共有 9 层，这是元青花的一个典型特征，层数比较多。但也有通景的，所有的事情都有例外。

它的颈部有题记，一共 60 多个字，为：信州路，玉山县，顺城乡，德教里，荆塘社，奉圣弟子张文进，喜捨（舍）香炉花瓶一付（副），祈保合家清吉，子女平安。至正十一年四月良辰谨记。星源祖殿，胡净一元帅打供。

从中可以看到，元代的行政单位：路、县、乡、里、社，一层层递减。题记里说的“四月良辰”，应该是农历的四月初八，这一天是佛教的浴佛节，也是佛祖释迦牟尼的诞辰。

题记里的“喜捨（舍）香炉花瓶一付（副）”，说明除了这两个瓶子以外还有一个香炉呢。我以前在《百家讲坛》里说过这个故事，这些年找我看张文进的香炉的往少了说也超过一千个了，全是假的，瞎活，真的还是没出现呢，你们有能力就继续找吧！

至正十一年四月，是这对大瓶的制作时间。这一段文字彻底改变了我们对青花诞生的认知。在这个大瓶发现之前，是有人怀疑过的，但说了谁也不信，都认为青花就是明朝的。通过对这对象耳瓶的研究，有两个人最终揭开了元青花的面纱，一个是英国大英博物馆瓷器部主管霍布逊（图 7），另一个就是美国华盛顿弗利尔美术馆的研究员波普博士。

1929 年，时任大英博物馆瓷器部主管的霍布逊撰写论文《明代以前的青花瓷器》，将大维德基金会所藏青花云龙纹象耳瓶收录其中，第一次将青花瓷的生产起始时间定于元代。其实早在 1926 年，霍布逊发文推论应该就有元青花了，只是当时还没有看到类似象耳瓶上的题记这样的铁证。由此可见逻辑对学术研究的重要性，而我们的民族特别缺乏逻辑训练。

又过了 20 多年，到了 1950 年，美国华盛顿弗利尔美术馆的研究员波普

图 7 霍布逊

博士在对比了土耳其托普卡帕皇宫和伊朗博物馆收藏的青花瓷器之后，发现了一批与大维德瓶类似的青花瓷，并根据大维德基金会所藏的这个瓶子上的铭文“至正十一年”，将其定名为“至正型”青花瓷，生产年代为元代晚期。

至此，“青花产生于元代”终于尘埃落定。这对元青花云龙纹象耳瓶可视为祖瓶，以此为准，这对大瓶毫无疑问地成为国宝。

这之后的 20 几年里，随着国内一批元青花考古资料的发表，将元青花的研究推向了高潮。据统计，到 2011 年，考古发掘出土了近 85 件元青花，元青花逐渐被世人熟知。

我们国内元青花的收藏，明清两代皇宫未见有明确的传世记载，基本上都是新中国成立后出土的，著名的有：1964 年河北保定窖藏（6 件）（图 8）、1983 年江西高安窖藏（18 件）（图 9）、1998 年安徽繁昌窖藏（18 件）（图 10），零星出土的更不胜枚举。

全世界哪里收藏的元青花最多呢？首先是土耳其托普卡帕皇宫，共有 40 件；其次是伊朗国家博物馆，32 件。土耳其托普卡帕皇宫我曾去过多次，每一件元青花我都挨个上手（图 11），回来后我写过一篇文章，叫《元青

图 8 元代 青花双狮戏球纹八棱玉壶春瓶
河北博物院藏

图 9 元代 青花梅瓶一组
高安市博物馆藏

图 10 元代 青花孔雀花卉纹兽耳盖罐
繁昌县博物馆藏

花的玄机》。在文章中我说：

元青花艺术突然成熟，没有萌芽期、成长期，这是什么原因呢？

原因就在于，它是三种文化审美的有机结合。元青花是中华文化、伊斯兰文化和蒙古文化三者的结晶。中华文化主要是以农耕为主的文化，伊斯兰文化与蒙古文化都是以游牧为主的文化。那它们怎么能够很好地结合起来呢？

首先是颜色，在元青花之前，蓝色不是我们中国人崇尚的颜色，但元青花出现以后，中国人对这个颜色很快就接受了，导致元青花创烧后700年里从来没遇到过对手，一直到清中期以后粉彩的出现，才占去半壁江山。

其次是它的造型上带有浓重的金属味道，装饰风格上带有明显的伊斯兰文化细密画的特点，画得密不透风。

简单地说，元青花把农耕文化与游牧文化有效结合，利用中国传统而优秀的制瓷工艺，表现出伊斯兰文化的金属工艺，用伊斯兰文化鲜艳的蓝色，改变了中国人固有的审美趣味。这一文化结合空前绝后，让我们坐享其成。

图11 我在土耳其托普卡比宫博物馆欣赏其馆藏元代青花大盘

我们的文化实际上就是这样，它的诞生有很多神奇之处，有一种是从小到大一点一点养育成人，还有一种是和外来文化杂交嫁接，长成强壮之身。无论它是什么，也无论这对元青花大瓶摆在大英博物馆，还是摆在世界上任何一个地方，它代表的，依然是我们的文化。

018

新石器时代仰韶文化·鹰形陶鼎

中国国家博物馆藏

扫码听我讲
国宝故事

买猫搭猫食盆的段子流传很广，这个故事的原型实际上跟乾隆皇帝有关。乾隆皇帝在汝窑的水仙盆下刻了一首诗（图 1）：

> 官窑莫辨宋还唐，火气都无有葆光。
> 便是讹传猧食器，蹴秤却识豢恩偿。

这诗上说的可不是什么猫食盆，是猧食盆。什么是猧食盆呢？猧就是小狗。乾隆皇帝弄错了，把小狗看成了猫。因为乾隆十年五月有一道圣旨：将猫食盆另配一紫檀木座，说的就是这件器物。

这个乾隆认为的猧食盆，实际上是汝窑的水仙盆。但是我们今天说的这

图 1 北宋 汝窑天青釉水仙盆 台北故宫博物院藏

图 2 新石器时代仰韶文化 鹰形陶鼎 中国国家博物馆藏

事儿跟猫没关，跟狗没关，跟谁有关呢？跟鸡有关，这是一鸡食盆。

现在的鸡都不幸福，是工业化喂鸡，都是用食槽子。过去的鸡都幸福，一鸡一食盆儿，过去农村都有这个。历史上，中国人肯定没少拿国宝喂鸡，其中最有名的一个鸡食盆就是陶鹰鼎（图 2）。

陶鹰鼎是一个鸡食盆，是一只肥硕的鹰，形象有点儿卡通，眼珠子瞪得跟牛似的，姿势是站在山尖上即将要向下俯冲的姿势，那肌肉都绷起来了。它身后有一大盆，尾巴是大盆的支架。这样一个盆做了鸡食盆，你们知道鸡的心理阴影有多大吗？鸡不到饿极了都不敢过去。而且这陶鹰鼎个儿很大，比鸡还大，鸡必须绕道走，到后面去吃，正面都不敢过去，鹰盯着呢！

为什么用一个鹰形的容器当鸡食盆呢？因为这东西是白来的。怎么能白来呢？不是捡的就是挖的嘛，这是当年挖出来的。

这东西挖得早，是 1957 年陕西华县的一个农民在犁地的时候挖出来的。挖出来以后，他一看这东西表面挺光滑的，看着有点意思，又死沉，就拼了命地抱回家。

20 世纪 50 年代，那时候国家穷困，吃饱穿暖是老百姓的唯一目的。那人又没啥艺术感，抱回家以后就拿这东西喂鸡了。鸡克服了心理障碍以后，每天吃食也挺快乐。

陶鹰鼎有一定的体量和重量，是一个非常写实的鹰。它在写实中有一种高度的提炼，提炼到什么程度呢？有点儿像最高级的动画片中的感受，比如你去看《功夫熊猫》，就能感受出这种高级。

这件东西，专家把它定为仰韶文化，但是它在中国的仰韶文化中鹤立鸡群，独此一件。不仅如此，它在整个中国新石器时代的陶器中也鹤立鸡群，独此一份。

它的特点是什么呢？它有超强的写实能力，又有超强的抽象能力，还有实用功能——它是盆状的，后面背负一个深盆，也可以说是敞口罐。

所以这命名就出现问题了。到底叫什么呀？我们今天叫陶鹰鼎，是把它推至了最高等级。可能一开始就叫鹰盆儿、鹰罐儿、鹰尊。名字为什么越起越高呢？是因为这东西的地位越来越重要。地位一重要，就得给拔高上去。

我们对仰韶文化了解最多的是什么呢？我们都知道，具象的有鱼纹的盆（图 3），抽象的有涡纹的盆（图 4）。仰韶文化所包含的文化含义我们今天是很难破译的。

我们用我们四五千年后的人的思想，去破译四五千年前的人的思想，是非常难的。我们生活的社会环境已经完全不一样了，所以想的也完全不一样。

陶鹰鼎上没有纹饰，它的颜色是灰的。这里有个知识，在陶器烧制中，灰陶比红陶难烧，灰陶比红陶成本高。到今天依然是如此，灰砖比红砖难烧，

图 3 新石器时代仰韶文化 彩陶鱼纹盆
中国国家博物馆藏

图 4 新石器时代仰韶文化 彩陶涡纹盆
故宫博物院藏

灰砖永远比红砖贵。

这就解释了为什么以前北京的大四合院都是用灰砖盖，不用红砖。红砖档次低，灰砖比红砖结实，又比红砖档次高。你看那武术表演，徒手劈砖都劈红砖，不劈灰砖。第一灰砖你劈不动它，第二它还贵，舍不得，所以都用红砖。

这鸡吃食吃习惯的时候，来了几个学生。1958 年，为配合三门峡水库工程，北京大学历史系考古专业的同学们来到华县进行考古勘察。由于田野考古特别苦闷，短则几个月，长则几年，学生就在四周溜达，最后转到了太平庄。听说这家有个东西，于是就进去看。一看这鸡食盆，一老鹰跟一群鸡对峙着。这农民一看，你们这么喜欢它，那我就送给你们吧。那几个学生就把这东西给抱了回去。后来专家一研究，认为陶鹰鼎是新石器时代仰韶文化中一件精美的艺术品，最后就入藏了中国历史博物馆，即现在的中国国家博物馆。

我们简单地说一下仰韶文化。仰韶文化 1921 年首次发现于河南渑池县仰韶村而得名。仰韶文化是我们新石器时期名气最大的文化。为什么名气大呢？是因为 100 年前它就命名了。凡是跟仰韶文化接近的都属于仰韶文化，所以它在黄河中下游地区都有分布。据碳 14 法测定年代，仰韶文化距今约 7000 ~ 5000 年。

仰韶文化是由两个地质学家发现的：一个叫安特生（图 5），他是瑞典的地质学家兼考古学家，他发现过北京的周口店遗址和仰韶文化；另一个是他的助手刘长山。安特生 1914 年受聘担任中国北洋政府农商部矿政顾问，在中国从事地质调查和古生物化石的采集。

1920 年，安特生派助手、地质调查所采集员刘长山到河南采集动物化石。刘长山采集到动物化石的同时发现了一个文化遗址。安特生了解情况以后，在 1921 年 4 月 18 日取得了中国政府的同意后，亲自来到渑池县仰韶村调查。

图 5 安特生

到了10月份，经中国政府批准，瑞典地质学家安特生、中国地质学家袁复礼等对仰韶村遗址进行了首次挖掘，证实此处为新石器时代的文化遗存。

这个遗址先后经过三次挖掘，出土了大量的陶器、石器、骨器等遗物，在国际上引起了极大的轰动。由于遗址中还发现了非常精美的彩陶，因此，人们最早称之为“彩陶文化”。

陶鹰鼎被发现时并不怎么出名，它出名是因为在中国历史博物馆展出的时候，作为申奥文物出国展览。1991年，我们准备申办2000年奥运会。当时为了扩大国家影响，就选了一批文物去瑞士洛桑莱蒙湖畔的奥林匹克博物馆进行展出。这些文物先要让萨马兰奇过目，萨马兰奇一眼就看中了这件陶鹰鼎。为什么选中陶鹰鼎呢？你想，奥运会都是比肌肉，这陶鹰鼎看着就有体育精神，有肱二头肌，有腹肌。其次，在各国文化中，鹰都是勇猛的象征。

1991年这次出国是陶鹰鼎最后一次出国展出，2002年，它入选国家文物局公布的《首批禁止出国展览文物目录》，从此以后它就再也没有机会出国了。

鹰在各国的古代史中都扮演了重要的角色。为什么呢？因为动物能做的事儿我们大多都能做，能跑，能跳，能游泳，能钻地，唯有一件事儿我们不能做，那就是飞。

我们的古籍，比如《诗经》《礼记》《左传》中，就有关于鹰的记载。《史记》中载李斯有一段就是“牵黄犬，臂苍鹰”，你看那时的人打猎有俩帮手，一个天上飞的，一个地下跑的。

可是农耕民族的打猎多半都是娱乐活动，一直到了苏东坡密州出猎的时候还是“左牵黄，右擎苍”。唐代专门设养鹰的机构，例如《新唐书》中记载：“闲厩使押五坊以供时狩，一曰雕坊，二曰鹘坊，三曰鹞坊，四曰鹰坊，五曰狗坊。”这雕、鹘、鹞、鹰都是天上飞的，就一个狗是地上跑的。后来人们称这种不务正业的人都是“五坊小儿”。

北方的少数民族，尤其是辽金都对海东青感兴趣。海东青是辽金时期对

图 6 辽代 备猎图
内蒙古史前文化博物馆藏

猎鹰的一种称呼，本意是指大海东边飞来的珠青色的猛禽，满语意为矛隼。

我们看到的大多数例子，鹰都是以大博小，比如捕鼠捕兔。海东青是典型的以小博大，这也就使它成为辽金民族最重要的图腾，它是一种辽金文化的象征（图 6）。

但在汉族文化中，对鹰的印象往往是负面为多，除了鹰击长空以外，剩下的比如飞鹰走狗、鹰视狼步、鹰头雀脑等等，都是负面的词汇。我们描述一个人有阴损之相的时候，就会说鹰嘴鹞目、鹰鼻鹞眼。一直到近代的《林海雪原》中，大反派还叫“座山雕”。

而我们发现的四五千年前新石器时代的这个鹰鼎，是个非常正面的形象，所以才纳入了我们国家的国宝。究竟对于这件宝物古人是怎么想的？出于什么目的做的？做完了干吗用的？我们今天都无从知晓。可以肯定的是，它肯定不是用来喂鸡的。

019

西汉·玉璧

西汉南越王博物馆藏

扫码听我讲
国宝故事

我国有两条重要的气候分界线：一是秦岭，秦岭两边的气候截然不同。秦岭以南属于亚热带气候，以北属于暖温带气候。长期以来人们把秦岭视为南北地理的分界线；另外一条是南岭，它是南部最大的山脉和重要的自然地理界线，在冬季特别明显。比如冬天西伯利亚寒流来了，北方冷，往南去，到了南京冷，到了长沙也冷，但跨过南岭，立刻就鸟语花香。这最温暖的一片地域，就是我们常说的"两广"地区。加上现在的海南，再加上越南的一部分，这在历史上是南越国所在地。那时候的北方人到了这一地区基本上都水土不服。我们所说的"瘴气"，就是打这儿而来。北方没有瘴气，瘴气潮湿闷热，容易引发疾病。由于南越国所处的特殊的地理环境，造成了其独特的文化。

1983 年 6 月，广州市越秀区在解放南路西侧的象岗山上施工，要在这里建座宿舍楼。象岗山并不高，不到 50 米，所以施工队日夜奋战要把这山给挖平了。挖的过程中发现山里面有好多古墓，各个时期的都有，墓不大，可以看出象岗山在古人眼里是个风水宝地。这些墓葬历史上都被盗墓贼盗光了，所以考古中也没发现什么重要的东西。工程就继续进行，越挖越深，大家觉得不会再有什么东西了。

但是挖到最后，工人突然发现了一块大石板。这石板的形状规则，明显有人为痕迹。现场的人很奇怪，就用工具把这石板给撬开了。这一撬开，发现底下有一个无底的黑洞。一开始大家都以为这是把 60 年代挖的防空洞给挖出来了，大家就围过去看。

当时工程的负责人看有这么多人围着，也凑过去看，他觉得这事儿没那么简单，就往文物局汇报了。当时在文物局上班的一个叫黄淼章的人被派到了这里。黄淼章拿着手电筒往洞里一照，说不得了，里头有个大鼎！这一下事儿就大了，墓里出现了青铜器！稍微有点文物常识的人就知道这肯定不是近代的墓，明清也不搁这鼎啊，明清那东西都世俗着呐！

出现了青铜大鼎，估计这墓就小不了了。但是黄淼章也很奇怪，广东这地方过去是南蛮之地，没发现过像样的汉代以前的墓葬，更别说这么大的墓葬了。于是黄淼章又联系了当时的广州文管会主任麦英豪。这人可是考古学家，当时兼任广州博物馆馆长，见多识广。当他接到电话后，他的第一反应就是：难道这就是传说中的南越王墓出现了吗？

南越国是西汉时期割据岭南的一个政权，开国君主赵佗是河北正定人。在秦王朝时期，他被派去平定岭南，然后就负责当地的管理。赶上秦末战乱，赵佗在那里奋斗了 70 多年，开创了南越国。等秦灭汉兴的时候，汉朝政府想把赵佗叫回来，可他不愿意。有人告诉他，你回去有点危险。

按理说，赵佗一个北方人，到了南方会不适应那儿的气候，更何况当时的条件都非常有限。我们现在的人能适应，很大原因是我们能够在人工气候中生存——冬天有暖气，夏天有空调。过去古人没这个，人要适应突然变化的气候，就会水土不服。但赵佗恰恰相反，他特服。

中国历史上在位时间最长的皇帝是康熙皇帝，在位 61 年。乾隆皇帝在位也就 60 年。赵佗在位时间比康熙还长，他在位 67 年，寿数过百。他比中国历史上任何一位皇帝在位时间都长。他活的时间太长了，以至于把他的儿子们都熬死了，儿子们都等不到继位就去世了，最后继位的是他的孙子——赵胡。所以等赵佗去世之后，赵胡为他举行了盛大的国葬。派人驻守番禺四周，然后派出四支完全相同的送葬队伍，护送一模一样的灵柩从番禺城四门

图 1 西汉南越王墓耳室

图 2 西汉南越王墓外藏椁

齐出。这种葬法空前绝后，以至于谁都不知道赵佗究竟被葬在了哪里。这也成为中国历史上较为传奇的墓葬之谜。

麦英豪听到汇报赶紧就赶了过来，他拿着手电筒一照，说这肯定是汉代巨型墓葬无疑（图 1、图 2）！但墓主人是谁？墓葬是否被盗？这会儿没法知晓。等到天黑的时候，麦英豪派黄淼章先进去打探打探。黄淼章哆哆嗦嗦地进去了，发现里头有好多青铜器和玉器，尤其看到青铜编钟的时候，让他十分兴奋（图 3）。

当时的人对青铜编钟比较熟悉，因为在这之前——1978 年，发掘湖北曾侯乙墓时，出土了一组迄今发现数量最多、保存最好、音律最全、气势最宏伟的编钟，而且在当年还为国人演奏了《东方红》，所以黄淼章对编钟印象深刻。这些器物保存完好，可以判断，这座墓历史上没有被盗掘过。

勘察之后，麦英豪心中有底了，这极有可能是南越王的墓！几十年苦苦寻找的传奇大墓就这样出现了吗？他直接向省政府汇报，随后一则电报传到

图 3 西汉南越王墓出土时的青铜编钟

图 4 西汉南越王墓彩绘壁画石室

了国家文物局："广州象岗发现一石室彩绘大墓，墓葬完好，随葬品极为丰富，初步判断，墓主人很可能是南越王或南越王家族成员。"社科院考古所所长夏鼐听完汇报后认为，既然已经发现了，就要尽快妥善解决。随后国家文物局批准：抢救性发掘！拉开了这座大墓的序幕。

1983 年 8 月 25 日，发掘工作正式开始。这场发掘工作持续了 43 天，共出土各类文物一万多件。这么庞大的数字令世人震惊，而且这些文物里不乏国宝级的文物。这是岭南地区发现的规模最大、出土文物最丰富的一座汉墓，也是中国境内迄今发现年代最早的彩绘壁画石室大墓（图 4）。发掘工作完成后，广州市委、市政府做出了"就地建设南越王专题博物馆，保护古墓，陈列出土文物"的决策，于是便建成了现在的"西汉南越王博物馆"。

这座南越王墓出土的玉器数量比较大，品种比较齐全，雕琢也非常精美。比较典型的有丝缕玉衣（图 5）。我们前面讲过了金缕玉衣、银缕玉衣和铜

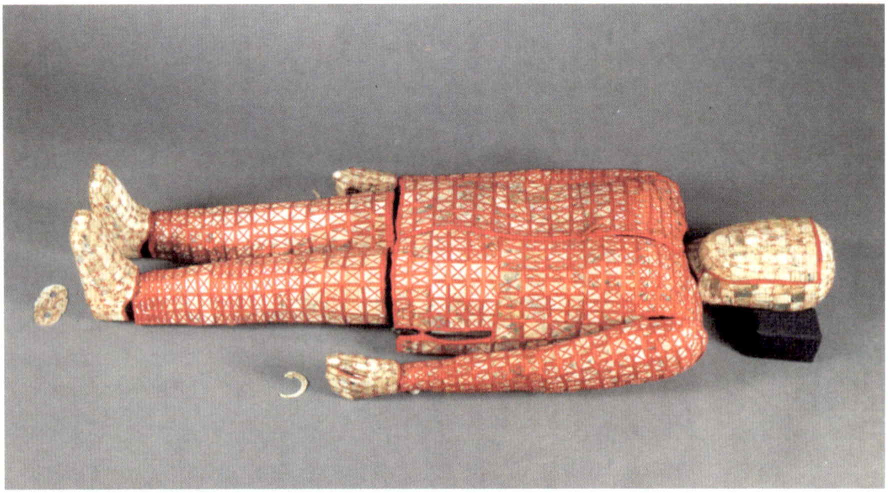

图 5 西汉 丝缕玉衣 西汉南越王博物馆藏

缕玉衣，据《后汉书》记载：皇帝死后，用金缕玉衣；诸侯王、第一代列侯、贵人、公主死后用银缕玉衣；大贵人、长公主用铜缕玉衣。但是并没有记载丝缕玉衣，所以南越王墓出土的这件丝缕玉衣是个重大发现。

南越王墓里还出土了许多玉剑饰，这也是国内考古发现数量最多的玉剑饰（图 6）。

玉剑饰在各大博物馆里都很难找到完整成套的，大多数都是分开的，要么有个剑首，要么有个剑格……都是散落的或者其他几块凑成一组的。那南越王墓的玉剑饰出土了多少呢？ 58 件，一共配成了 8 套。

剑在中国武侠中比刀重要。刀很凶，带有凶气。但剑带有文气，所以我们老说“剑胆琴心”，如果要说“刀胆琴心”，听着就不怎么雅，有点黑社会的感觉。由于剑是随身佩戴的，所以它就特别注重装饰。

玉剑饰一般有四块：剑首、剑格、剑璏、剑珌。

剑首一般是圆形的，手抓住剑柄时，在手下面露出的部分，非常漂亮。

剑格位于握剑时的虎口位置，它是有功能的，最初的功能是防止自己的手受到伤害。但这种玉剑格的主要功能就是装饰了，上面往往雕有各种复杂

剑 首

剑 格

剑 璏

剑 珌

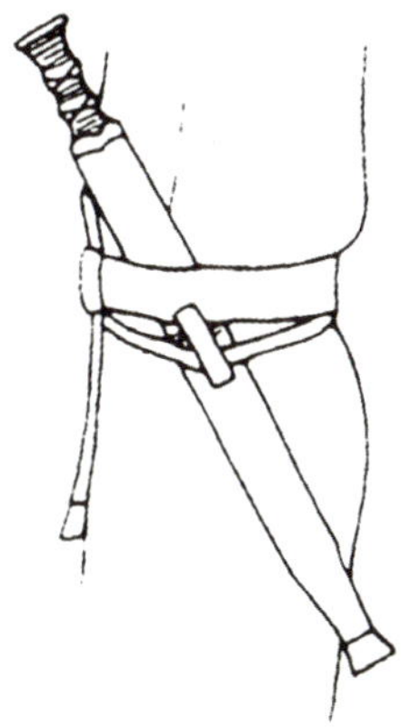

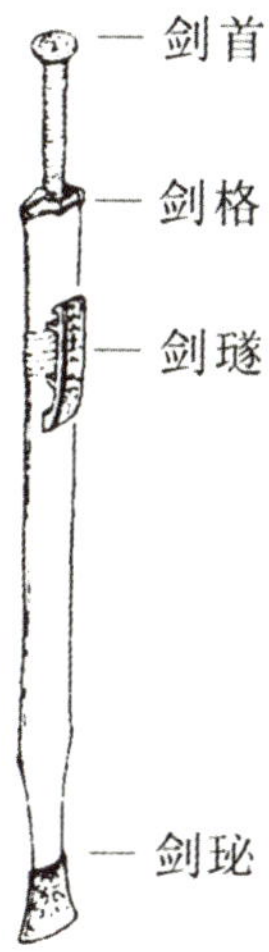

图 6 西汉 铁剑及剑饰 西汉南越王博物馆藏

的纹饰：有高浮雕的，比如雕出一个螭虎来；也有浅浮雕的，比如雕出一个谷纹来。

剑璏，古称剑卫，是剑鞘上的一个重要装饰物。另外它还有悬挂功能，可以挂在身上。

剑珌指的是剑鞘的最底端，它也是一个很强的装饰，还可以起到保护作用。这些数量众多的玉剑饰是你到西汉南越王博物馆必看的展品。

还有一个必看的是什么呢？那就是玉璧。

南越王墓的玉璧一个比一个大，其中一个最大的，直径达 33.4 厘米，堪称“璧中之王”（图 7）！这是新中国成立以来考古出土最大的一块玉璧。璧在古人眼中等级非常高，《周礼》中就记载：“以玉作六器，礼天地四方。以苍璧礼天，以黄琮礼地，以青圭礼东方，以赤璋礼南方，以白琥礼西方，以玄璜礼北方。”在礼器里面，“苍璧礼天”是排第一的。在葬式中，古人

图 7 西汉 玉璧 西汉南越王博物馆藏

觉得玉有防止尸体腐朽的功能，另外也要在腹部放一块玉璧，一来可使灵魂升天，二来也反映了古人对上天的一种敬畏。

玉璧自古以来在人们心目中的地位很高，直到今天，对我们的生活也有影响。比如我们说“完璧归赵”，把东西从别人那儿借来再还回去，咱们叫“璧还”。还有“珠联璧合”“中西合璧”等等，这些词儿听着就很雅，我们现在经常使用的这些词汇跟“璧”有直接关系。

那么这个墓的墓主人到底是谁呢？还真不是赵佗。这座墓里出土了两件可以印证墓主人身份的关键文物：一件是方的玉质的印章（图8），上面刻着“赵眛”，这很直白地表明了墓主人的名字叫赵眛；还有一个就是一方龙钮金印，上面刻着“文帝行玺”四个篆书字（图9）。两者一结合，我们就

图8 西汉 “赵眛”玉印 西汉南越王博物馆藏

图9 西汉 “文帝行玺”金印 西汉南越王博物馆藏

知道了这墓的主人就是南越国第二代王赵眜，也就是《史记》中记载的赵胡。

那赵胡为什么又叫赵眜呢？有两种可能。第一种可能就是他本来就叫赵眜，但出现讹误，所以司马迁在《史记》中就写成了赵胡；还有一种可能就是，赵眜这个人对中央政府使用了一个不常用的名字叫“赵胡”，而“赵眜”只是在南越国境内使用。一个人有多个名字，这在古代很常见。

赵佗的墓从历史记载到推测，一直都没有被发现，三国时期孙权专门派军队去找也没有找到。有人说，墓葬之间是有规律的，找到了孙子的墓，就可以找到爷爷的墓了。那赵佗的墓到底在哪儿呢？没人知道。可我知道，它到底在哪儿呢？它一定在南越国辖区的地下。

020

五代·贴金彩绘浮雕武士石刻

中国国家博物馆藏

今儿这故事的主角，是一对“海归门神”。

2000 年 3 月，21 世纪的第一场佳士得春拍在美国纽约如期举行。图录在拍卖前先分发出去，商人主要看什么东西好买卖，而艺术家和藏家则寻找有什么重要的艺术品。

中国画家袁运生先生在翻阅拍卖图录时，发现了一件中国古代浮雕，估价 50 万美金（图 1）。在拍卖图录上，这件长方形的汉白玉雕刻的武士浮雕门神像，武士身穿戎装，怒目圆睁，立于牛身之上，肩和头部还有一只凤凰，武士手里拿着宝剑，剑指向牛嘴里衔的荷花（图 2）。

袁运生先生和袁运甫先生是兄弟俩，首都机场当年扩建时的裸体壁画《泼

图 1 袁运生

图 2 五代 贴金彩绘浮雕武士石刻 中国国家博物馆藏

水节·生命的赞歌》，就是袁运生先生画的，当年还引起过轩然大波。兄弟俩是专门做壁画的，都毕业于中央美术学院。而且袁运生还在中央美术学院的壁画系任过教。

袁运生先生曾经研究过王处直墓中的雕像和壁画，他判断，这件浮雕就是王处直墓里的被盗文物。拍卖图录上编号 209，到了拍卖那天一定就会被拍走，他觉得事态有点严重，当时就把情况通知了中国大使馆，然后又通过越洋电话和中国的文物部门取得了联系。有关专家一看，凭直觉就知道这肯定是王处直墓中浮雕的武士像，站岗的门神。因为风格很明显，一看就是晚

图 3 人民英雄纪念碑

唐五代时期的。

王处直墓的抢救性挖掘是 1995 年开始的，在这之前这座墓已经被盗多次，这次挖掘前，这座墓基本已经被盗光了，前室门口左右正好缺了俩同尺寸的门神。一般盗墓者都不搬石头，因为石头太重，但王处直墓里的石雕实在太精美了。除了墓中的这对武士门神，还有《十二生肖》《散乐图》《奉侍图》等十六块汉白玉浮雕，刻工精湛，线条流畅，是晚唐至五代时期少见的珍品。

我们先了解一下石雕。

曲阳是著名的石雕之乡，以出产优质的汉白玉闻名。中国人民英雄纪念碑大多数都是曲阳工匠雕的（图 3）。这座墓中浮雕的发现，说明曲阳的石雕工艺在唐代已经相当成熟了。

当时发掘的时候有考古记载，墓室前室的十二生肖人像浮雕原有十二件，1994 年被盗六件，剩余六件中，只有鼠、龙、马、鸡还镶嵌在墓壁的壁龛上，

图 4　五代　十二生肖（鼠、龙、马、鸡）与人像浮雕　河北博物院藏

蛇和羊已经被盗墓者凿下，运出了墓外，藏匿在草丛之中（图 4）。

前室四壁，每壁三个，鼠在北壁的正中，正好是子夜时分。这十二件生肖雕刻是以鼠为先的顺序，以北为上，顺时针排列。除四壁上有十二生肖以及人像的浮雕外，南壁下部两个佛龛和甬道两侧镶嵌的浮雕都已被盗走，内容不得而知。按照考古的一般推测，这四个壁龛内镶嵌的浮雕极有可能是门神、武士之类。

而最重要的两件——《散乐图》《奉侍图》，收藏在今天的河北博物院，它们绝对是国宝级的精品。当时，它们一起嵌在墓室的后室。《散乐图》以汉白玉石雕精刻而成，唯美地表现了乐队吹奏表演的热闹场面。人的面目圆润，体态丰腴，腰肢倾斜，衣带飘飘，有罗薄透凝脂之感，体现了唐代以胖为美的风格。乐器刻画得十分精细逼真，为中国音乐史研究提供了极难得的资料（图 5、图 6）。

《奉侍图》仕女们的衣着，是唐代妇女们最经典的搭配。今天我们有一

图 5 五代 《散乐图》浮雕（局部）
河北博物院藏

图 6 五代 《奉侍图》浮雕（局部）
河北博物院藏

些关于唐代的影视作品，女性人物几乎个个袒胸露乳，这与史实有差。在唐代，只有地位高的女性才能穿开胸衫，平民百姓家的女子穿衣拘谨。我们从这两幅作品中完全可以看出唐代上层妇女的生活状态。《散乐图》是一种精神追求，《奉侍图》是一种物质追求，它们记录了当时贵族的奢华生活。

拍卖图录中这件作品的所有者极力否认这件武士像是王处直墓被盗的文物，他提出两个理由：首先，他说这武士像跟王处直墓的其他浮雕的风格不同；其次，墓中被盗的雕像颜色都很浅，而武士像的颜色鲜艳如初。我们的专家立刻就反驳道：武士浮雕与《散乐图》《奉侍图》的浮雕风格不同是因为功能不同，武士浮雕是门神呐！用于镇邪驱鬼守卫，造型必然是夸张的，横眉立目；而墓中服侍主人的散乐等形象是世俗人物的歌舞升平，表现墓主人的富贵生活、和蔼可亲。你不能让你们家的门卫和伺候你的丫鬟都一个表情吧？至于浮雕的颜色不一样是因为后来保存的环境不一样。

于是，国内成立了专家组，开始跨国追讨文物。追讨的过程充满了艰辛，经过多方交涉，在大量的证据面前，美国司法部门作出裁决，将文物没收，无偿归还给中国。这是中国首次从境外成功无偿追回古墓被盗文物。

20 世纪 80 年代开始到 90 年代，文物被大量走私出境，当时没什么人管，加上当时欧美市场非常活跃，文物越来越贵。直到跨入了 21 世纪，西方多了一项规定：限制文物交易，不允许来路不明的文物交易。欧美人都比较规矩，就不买了，那么出土文物就再度价格下滑，变得非常便宜。

王处直墓葬被盗时，正值文物价格的高峰期。王处直墓所处的地点离定窑的产地非常近。五代时期的定窑，是定窑质量的最高峰（图 7）。而这个墓葬里的瓷器全部被盗空，一件都没有留下。我猜想这个墓葬打开的时候，里面的定窑件件都能称得上国宝！可惜啊，我们今天没有机会一睹芳容。

这里要解释一下，跨国追讨文物必须有相关国际法作依据。1970 年 11 月 14 日，联合国教科文组织制定了《巴黎公约》，加入的国家如果文物被盗，

图 7 五代 定窑白釉穿带瓜棱壶
故宫博物院藏

无论文物流落到哪个国家，国际刑警组织都有权利追回，并追究走私分子的法律责任。中国 1998 年 11 月 28 日加入了这个公约，而美国是缔约国之一，按照《巴黎公约》的相关规定，美国有责任有义务将其归还。

美国人还是很守法的，前提是你必须证明你这文物是被盗的。这次最直接有力的证据就是把王处直墓周围的土样，与正在上拍的武士浮雕身上的土样进行化验比对，结果两份土样完全一致，铁证如山。

我们说了半天，这墓主人王处直是谁啊？他是唐末乱世枭雄，一方诸侯。这对武士门神被追回的故事让世人重新认识了他。

王处直活了 60 岁，他生存的年月是晚唐到五代时期。他是京兆万年人，就是今天的陕西人。墓志称他是并州晋阳县人，在晚唐五代时期任义武节度使，相当于今天的军区司令。王处直的父亲王宗有钱又有人脉，王宗借助家族强大的实力做了神策军吏，神策军是唐代中后期中央北衙最重要的禁军。后来，他官升至金吾大将军，相当于今天的中央警卫局局长。

王宗有两个儿子，大儿子是王处存，小儿子就是这王处直，分别在下面当了个司令。后来王处存去世，弟弟王处直接班成为义武节度使，王处直由此开始了对定州22年的统治，成为北方重要的诸侯之一。公元907年，唐王朝走到了命运的尽头，朱温取代唐朝建立后梁政权。朱温为了笼络王处直，封他为北平王，建立北平国。北平国非常小，管辖的范围也就是定州、易县一带，在北京的西南方向。

王处直年轻的时候，身边有一位被宠的道士叫李应之。道士将自己的养子刘云郎带到了王处直的身旁，王处直看到这孩子后非常喜欢，就将这个孩子认为养子，并改名叫王都。多年之后，这个孩子成为一位优秀的军队将领。

按常理，王都应该好好回报义父，但事与愿违，因为王都对王处直确立儿子王郁为继承人感到不满，便发动了叛变，软禁了王处直，并杀害了王处直的子孙和将领，篡位夺权。

王都有一天去看望被软禁的王处直，王处直抓住王都的袖子说道："你就是个逆子，我哪点儿对不住你啊！"不久以后，王处直就去世了。后来王都觉得心中有愧，又要堵世人的嘴，决定为义父举行隆重的葬礼。他找到了最好的工匠来装修豪华的墓室。

王处直死于天佑二十年（923年），次年下葬。此类被儿子及养子杀死的例子在唐末、五代间比比皆是，主要原因是那时社会动荡，当时安禄山、史思明也是被儿子所杀。正因为如此，所以王处直的墓才会选择一个偏远的地方。

1994年夏天，当地百姓发现山上有一个直径一米的盗洞，马上去报警，相关的专家来到现场勘查。根据墓室壁画和墓志铭，专家确定这就是五代十国时期的王处直墓地（图8、图9、图10）。虽然里面基本上被盗干净了，但通过精美的墓室壁画和浮雕，推测当时的器物应该非常精美，可惜全部散失了。

当时王处直墓的门神只发现这一个，于是有专家说，一定还有另外一个。果不其然，这件东西就出现了。这块汉白玉的浮雕门神由于拍卖时引起轩然

图 8 王处直墓前室北壁壁画全景

图 9 五代 王处直墓四神墓志盖 河北博物院藏

图 10 王处直墓志拓片

图 11 五代 贴金彩绘浮雕武士石刻 中国国家博物馆藏

大波，后被中国文物部门索回，引起了安思远的注意。安思远发现在自己的库房里，有一尊当年在澳门购买的五代时期的汉白玉浮雕像与此相同。他主动与中国政府取得联系，说我这儿还有一块呢，应该跟那块是一对儿。安思远非常大度，无偿地把他买的这件文物捐赠给了中国政府（图 11）。现在，两件汉白玉的浮雕门神都被中国国家博物馆收藏，专家认定这两位门神就是在中国家喻户晓的尉迟恭和秦琼。

我们有时候说好事成双，王处直墓的这对高浮雕武士像真的是好事成双。下葬的时候它们被安排在王处直墓道的前室门口左右看守着墓葬。但他们不知道，1000 年后，这两块雕板命运多舛，漂洋过海到了美国，在美国还天各一方。由于种种原因和所有人不懈的努力，使这两块国宝级的浮雕武士像回归祖国，入藏中国国家博物馆。

021

金·铜坐龙

黑龙江省博物馆藏

扫码听我讲
国宝故事

这个故事一开始听着就像一个传说。1965 年的秋天，黑龙江阿城有一个姓裴的农民正在自家地里挖菜窖。东北人都得挖菜窖，主要用于冬季储菜：白菜、萝卜、土豆，三个看家菜。菜窖的作用是让它不上冻，因为东北温度低啊。这个菜窖挖下去几米，底下不上冻，相当于冰箱中冷藏室的那个温度。他挖着挖着，锄头"咣当"一下，刨出个大铁疙瘩。

裴某捡起这个大铁疙瘩，蹲在地里，就用衣服袖子擦拭。擦着擦着，他一下就认出来这是一条坐着的龙（图 1）。这要是个金龙，自个儿就发财了。想到这儿，他兴奋得活儿都不干了，拎着这东西就进了屋。他用火烧烧它，用牙咬咬它，发现这不是金子。因为金子软，一咬就有印，这个把牙咬崩了都不会有印。一看不是金子，他就垂头丧气地把它顺手扔在窗台上，不去理它。

过了一阵儿，怪事就发生了。家里经常有"呜呜"的声音，尤其到了夜里，声音非常吓人。开始裴某不明白怎么回事，就联想说：是不是这龙的原因？没准儿这是皇宫的东西，自己一个普通老百姓，身份镇不住。

这听着像一个传说吧？但它可是一真事儿。故事先搁在这儿，我们说说这龙。

我们自己称自己是"龙的传人""龙的子孙"，龙在中国人的心目中是一种图腾崇拜。想象力超凡的祖先们将龙总结为"九似"，取各家动物之长，组成一个上天入水、翻云覆雨、能幽能明、能大能小的"神"。它的角似鹿；头似驼；眼似虾；颈似蛇；腹似蜃，蜃是什么呀？就是大蛤蜊；鳞似鲤；爪似鹰；掌似虎；耳似牛。九似虽然说法不一，但九为阳数最大，凡天上的飞

图 1 金代 铜坐龙 黑龙江省博物馆藏

禽，水中的游鱼，陆地上的走兽结合为一体，使龙的形象千百年来让国人既熟又生，既亲又远，既凡又神。

《周易》中有这样一句，叫：“九五，飞龙在天，利见大人。”周王自称天子，与龙始有衔接。“周天子，八百年”，最伟大的成就是礼制的建立。龙的形象在这一时期逐渐地完善，并形成了政治上的需求。大凡皇帝登基都说自己是“奉天承运”“真龙天子”。

传说汉高祖刘邦的母亲梦见了神，在梦里还有龙盘旋在天空中，然后就怀孕生下了刘邦。

隋文帝杨坚，说他出生时头生龙角，身长龙鳞，有龙的下颌，并且手中还有一个天然的“王”字。

唐太宗出生的时候，传说有两条龙在门外游走。一个占卜的道士说他20 岁时就能济世安民。

所以，龙在老百姓的心目中变得神圣不可侵犯。我们前面说姓裴的农民捡到坐龙后搁在家里呜呜作响，他就觉得自己镇不住，但又不舍得把它扔掉，那怎么办呢？就把它搁到女儿家去了。到了女儿家，依然发出呜呜声。这样折腾来折腾去，就在家里搁了 9 年。直到 1974 年，不知怎么的，阿城文管所知道了这东西，过来一看，还就真看上了。裴某就以 18 块钱卖给了阿城文管所。

回去以后专业人士就开始研究，首先，这东西肯定不是金的，材质是黄铜的，高度有 19.6 厘米，重量有 2.1 千克，就是咱们说的四斤二两。据《金史》记载，铜坐龙曾用于皇室的马车车轼上。又有记载，大辇的顶轮上有银莲花，上面也有坐龙。至此基本上可以判定，这铜坐龙为金代皇家御用马车上的装饰物。

我们的龙基本成形于战汉时期，大量文物中都能看到，它的特点是身子比较短（图 2）。我们今天对龙的印象是蟒身，身子长。唐宋之间是龙造型的分界线，唐以前的龙，近乎兽（图 3）；宋以后的龙，近乎龙（图 4）。金代正好处于这个分界线时期，它保留了很多兽的特征。比如这个坐龙专业术语称之为“犬身”。什么叫“犬身”呢？就是狗的身体，狗就是那么坐着的。

考古队又考察铜坐龙出土的地方，它位于金代早期都城上京会宁府（就是阿城）。东边距宫殿遗址不足 400 米，西边距金太祖完颜阿骨打陵约 500 米，

图 2 战国 玉透雕龙纹璧
故宫博物院藏

图 3 唐代 千秋龙纹铜镜 西安博物院藏
图 4 清康熙 五彩龙纹盘 故宫博物院藏

正好是金代出土文物的密集区。

金代是一段离我们既远又近的历史，他们的民族——女真，也离我们既近又远。女真人是满族人的祖先——这我们都知道，是最为典型的渔猎文化。女真地处白山黑水的东北地区，打鱼、狩猎是其最主要的生存方式。女真人生活状态不定，练就了一身骑马绝技，史籍记载，说其“骑上下崖如飞，渡江河不用舟楫，俘马而渡”。什么叫“俘马而渡”？就是跟马一块儿游泳，搂着马的脖子。女真文化有着马背上民族的开阔胸襟和坚忍刚烈的性格。

金代人不大像匈奴、突厥等少数民族那样，以掠夺中原为目的，把汉文化作为异己进行排斥。女真人特别愿意跟汉人接近，接受中原文化的速度与自觉性大大超过了同时期的契丹人与蒙古人，有向农业文化过渡的趋势，所以金代的陶瓷与宋代的陶瓷非常难区分（图 5、图 6）。

金代从完颜阿骨打称帝到金朝灭亡，共历经了 120 年，十朝皇帝，属于不长不短的朝代。我们的大朝代差不多都得 300 年，不足百年的都是短寿，金代有点儿英年早逝的意味。

金代的前四位皇帝都在上京会宁府处理朝政，这第四位皇帝就是我们稍

图 5 金代 绿釉剔花牡丹纹腰圆形枕
河北博物院藏

图 6 宋代 三彩划花牡丹纹枕
河北博物院藏

微熟悉一点的海陵王完颜亮。海陵王这个皇帝毁誉参半。誉的是他的政绩，毁的是他的私生活。首先我们要了解一下完颜亮的出身，完颜亮自幼天资聪颖，成年后风度翩翩，并极度崇尚汉文化，而且很深沉，谋有大略。他喜欢和辽宋名士交往，在宗室之内名声非常好。可惜，完颜亮只是金太祖完颜阿骨打的庶出孙子，嫡庶之分，他就没有继承皇位的权利，只能看着从小一块儿长大的堂兄完颜亶当了皇帝，也就是金熙宗。金熙宗没什么本事，手中也无权，权力都在他那些叔叔大爷堂兄堂弟手里，他叔叔就是金兀术，所以他活得很憋屈，就天天喝酒，喝醉了就拿身边人撒气，杀了很多人。

金熙宗自己窝囊，还很嫉贤妒能。有一回，完颜亮过生日，金熙宗想表示表示，知道完颜亮非常喜欢汉文化，就派人送了一幅司马光的画像，还赐了些珍玩给完颜亮。皇后裴满氏一看，你都送了，我也送点呗，于是也附赐了一些礼物给完颜亮。金熙宗就认为他这堂弟完颜亮跟皇后有染，大为不悦。其实皇后裴满氏也不是个省油的灯，飞扬跋扈，干涉朝政。结果送礼物的太监替人背锅，被金熙宗打了一百杖，还把皇后赏赐的礼物给追了回来。这事儿让完颜亮非常不安。

常言道“祸不单行”，恰好又发生一件事。学士张钧在起草诏书的时候擅自改动，被查处了。金熙宗问是谁指使的，有人告发说是完颜亮。金熙宗于是把完颜亮贬到河南开封，当完颜亮走到半路时，又被熙宗召回。完颜亮不知熙宗的意图，非常恐惧。从此，完颜亮感觉自己的性命难保，于是就先下手为强，把金熙宗杀了，坐上了金朝第四任皇帝的宝座。这时，完颜亮年仅 27 岁，他在位 12 年，为人残暴，淫恶不堪，杀人无数。然而完颜亮也励精图治，鼓励农业，整顿吏政，并大力推广汉文化。他还做了一件非常重要的事——迁都中都，就是今天的北京。北京是块风水宝地，辽把它作为五京中的南京，金到此就作为中都，也就是首都了。北京丰台右安门外有个辽金城垣博物馆，是辽南京和金中都的遗址（图 7）。

完颜亮的迁都意向一表露，立即就遭到女真贵族的强烈反对。为什么反对呢？故土难离啊！但他还是取得了多数朝臣的支持，命人在辽南京的基础上进行扩建，历时 3 年，中都皇城建完。1153 年，北京开始作为都城。

为什么完颜亮上台不到两年，就决定把都城从黑龙江的阿城迁到北京呢？

图 7 金中都南城垣水关遗址

图 8 金上京会宁府遗址

图 9 金上京会宁府朝日殿遗址

首先是地理原因。上京会宁府（阿城）偏于东北一隅（图8、图9），物资运输与公文传递多有贻误，使节往返路程艰难，尤其在冬天。第二，完颜亮有远大的抱负，他当上皇帝后，目标是统一整个华夏，建立一个更为强大的金国。他知道北京位置的重要性。还有更重要的原因，是怕金熙宗的旧部一呼百应，给他带来灭顶之灾。于是，完颜亮下令罢“上京”称号，派官员毁掉了旧宫殿、宗庙、诸大族宅第及皇家寺院，把它夷为平地，彻底变成耕地，不留任何痕迹。

800年后，世事沧桑。被销毁掩埋的逐渐显露出来。从阿城这片区域出土了很多文物，我们所讲的这尊铜坐龙就是历史的证物。这尊铜坐龙，左前腿高举，右前腿着地，前后腿之间有腾云相连，头背部和尾巴都有鬃毛向外翻卷。它集龙、麒麟、狮、犬的特点于一身。

在北京地区，还出土过另外一件金代铜坐龙，跟这件非常相近，所不同的是，这龙的口内含有一颗铜珠（图10）。这说明阿城出土的铜坐龙口内

图10 金代 铜坐龙
北京白纸坊出土

应该也有一颗，只是年久丢失了，所以当农民裴某把它放在窗台上的时候，因为口内形成了空洞，风灌进去的时候，就会呜呜作响。那为什么夜里的声响更大呢？因为夜里的风大呀！

这尊铜坐龙出土的时间地点明确，有清晰的脉络。1991 年，它被调藏黑龙江省博物馆。以此形象放大成的立体雕塑，矗立在哈尔滨市阿城区的城市广场，作为金代皇家文化最重要的标志。

022

南宋·朱克柔 缂丝《山茶蛱蝶图册页》

辽宁省博物馆藏

扫码听我讲
国宝故事

今儿我先说一人——王世襄先生。他生于民国初年，2009 年去世。他是新中国藏界的传奇，文物大家。我跟老爷子有段忘年交。老爷子出身豪门，他那豪门才是真正的豪门，今天的豪门在他面前都是旁门儿。我跟王世襄先生聊天时，他老人家老提一个人：桂辛老。

桂辛老是谁呀？就是朱启钤（图 1）。朱启钤先生，字桂辛，1872 年生于河南信阳，1964 年在北京逝世，享年 92 岁。92 岁在他那个年代算高寿了，几乎长达一个世纪。

图 1 朱启钤先生

朱启钤先生一生经历了清朝后期、北洋政府、民国、新中国不同时期。他有5个儿子、10个女儿，人丁兴旺。其中五女儿朱湄筠与张学良的红颜知己赵一荻是闺蜜，被当时的人戏称为“赵四风流朱五狂”，从中你就知道这二人的性格了。

1913年，朱启钤出任北洋政府的内务部总长。这个内务部听着好像不大，它不是你们家的那个内务部，跟过去皇宫的大内总管也不一样，这内务部管的是整个国家的内务，比如民治、警务、礼教、土木、卫生等。

在任期间，朱启钤上书袁大总统，将农历的“元旦”——就是我们的正月初一，改名为“春节”。这一建议获得批准，从1914年起正式实施。100多年来,农历的正月初一就叫春节了。原来的元旦呢,就变成了公历的1月1日。

朱启钤还主持将社稷坛改为公园，最初叫“中央公园”，就是今天的中山公园。中山公园是北京城内最早开放的公园，当时建设的主要景点，比如唐花坞、来今雨轩、习礼亭等，今天仍然是中山公园最主要的景点。

1916年，袁世凯去世后，朱启钤因为拥护袁世凯称帝而遭通缉，1918年才获赦免。1919年2月，朱启钤被委以重任，出任南北议和北方总代表。和谈破裂后，朱启钤心灰意冷，退出了政界，专注中国传统建筑的研究与保护，自号蠖公。蠖是一种虫子，我们俗称“吊死鬼”，槐树上特多。《易经》上说：“尺蠖之屈，以求伸也。”“蠖屈”就是用来比喻人在怀才不遇时的屈身隐退。

1930年，朱启钤组织成立了中国的营造学社，自任社长。中国营造学社是我国第一个专门从事研究古代建筑文化遗产的学术机构。王世襄先生在1943年到1945年期间担任中国营造学社的助理研究员。1943年，这一年王世襄29岁，朱启钤71岁，两人相差42岁；1985年，我认识王世襄先生的时候30岁，王世襄先生71岁，他大我41岁，想想这事儿挺有意思。

营造学社在成立之后的短短5年内，先后调查了全国上百个县市近2000

座各类古建筑，绘制了大量的图稿，整理出了上起汉唐下至明清的中国古代建筑发展脉络。很多珍贵的建筑遗存就是经此调查才走进大众的视野，比如山西的佛光寺、应县木塔，天津蓟州的独乐寺等。

营造学社中还有大家非常熟悉的梁思成、林徽因，他们在那个年月浪漫地工作，认真地谈恋爱。

除了学术研究，朱启钤还经营实业。很多人不知道，他可是一个煤老板，是中兴煤矿公司的董事长兼总经理。当然，此煤老板非彼煤老板。

中兴煤矿公司有多牛呢？我给大家介绍介绍。

中兴煤矿公司是李鸿章于光绪五年（1879 年）奏准成立的官督商办企业。官督商办，就是政府监督、商人经营。厂矿位于今天的山东枣庄。

中兴煤矿公司是第一家完全由中国人自办的民族矿业，第一家在清末民国就利用了机械化采煤的企业，也是中国第一家民族股份制企业。它发行了中国民族工业的第一张股票。那么它的构成都有谁呢？民国总统徐世昌、黎元洪是董事会会长，民国总理周自齐是财务总监，大名鼎鼎的张学良不过就是一位股东。

过去有钱人都是有文化的，现在有钱人未必有文化。朱启钤是光绪年间的举人，他有一个嗜好——收藏。我们收藏有两种，一种是穷收藏，跟我似的，没钱也得收；另外一种就是富收藏，朱启钤是富收藏。

说到收藏，每个人都要有一个主项。朱启钤的主项是什么呢？你们听着可能比较陌生，他的主项是缂丝，在过去属于软片。所谓软片是什么呢？就是可以卷的。首推碑帖，书法、绘画、刺绣等等都属于软片。有软就有硬，硬片有什么呢？青铜、陶瓷、玉器、竹木牙角器都算硬片。有人曾经问我，我收藏地毯算不算软片？我告诉他这不算，这种日常生活中直接使用的在过去都不算收藏门类，比如家具，家具也不算。

缂丝属于丝织品。在过去，丝织品是收藏中档次比较高的一类。丝织品有两类：一类是织出来的，宋元以前的丝织品都属于这类。比如，我们以后要讲到的汉代“五星出东方利中国”的护臂，它就是织出来的（图2）；还有一种是绣出来的，像明清以后的刺绣、龙袍，都是绣出来的（图3）。

同样有图案，缂丝和刺绣有什么区别呢？缂丝的纹样、颜色都是一次织出来的；刺绣不是，刺绣必须先有一块织物，然后在上面绣出各种图案，属于锦上添花。所以，缂丝织出来就不能改，刺绣是可以改的，绣不好拆了重绣。所有的织物当中，过去人认为收到缂丝就收到头了，这是最高级的。有多高级呢？当时流行这样一句话，叫“一寸缂丝一寸金”。

缂丝的工艺说起来相当复杂，你只要记住四个字就好了。这四个字叫“通经断纬”。经是经线，竖着的；纬是纬线，横着的。织布就是用这样横竖两条线来回交叉织成织物。织物本身纬线是不能断的，断了这布就有裂缝了。那为什么缂丝要断纬呢？是为了织出不同的颜色。每种颜色织完，就需要重新起纬线。所以你如果注意就会发现，颜色和颜色之间，花纹与底子之间会有一些断痕，像刀刻的一样。所以，缂丝的“缂”，有时候也写成雕刻的“刻”。

图2 汉代 “五星出东方利中国”锦护臂
新疆维吾尔自治区博物馆藏

图3 清代 刺绣菊花蛱蝶图宫扇裱片
辽宁省博物馆藏

宋代的缂丝严格遵守工艺，有多少种颜色就用多少种丝线，能将很多书画缂丝做出来，非常好看。但是从明清开始，随着缂丝需求量的增加，人们就开始偷懒。明朝的龙袍还有缂丝的，到了清代就少了，就偷手了。最明显的是缂丝的绘画作品。宋代的缂丝，那人物的眉脸都是缂出来的（图 4），但是清代中期的缂丝就是缂一个大白脸，眉眼都是画上去的（图 5）。所以你远看都差不多，近看则完全不一样。

朱启钤收藏的缂丝当中，最大的一匹就是恭亲王奕䜣的。恭亲王是咸丰皇帝同父异母的弟弟，跟慈禧太后的关系可不一般，是晚清的贵胄。现在人们到北京来旅游，很多人都会去恭王府，恭王府就是恭亲王的府邸。只要看看恭王府的面积，你就知道恭亲王当年多么有实力了。

这批缂丝大约 280 件，包含了从宋到清最好的缂丝、刺绣珍品。其中有若干件国宝级的作品。南宋有个人叫朱克柔，她缂的《山茶蛱蝶图册页》就在其中（图 6）。

朱克柔，生卒年不详，活跃于南宋高宗时期，是云间的缂丝大家。云间

图 4 宋元 缂丝局部

图 5 清代 缂丝局部

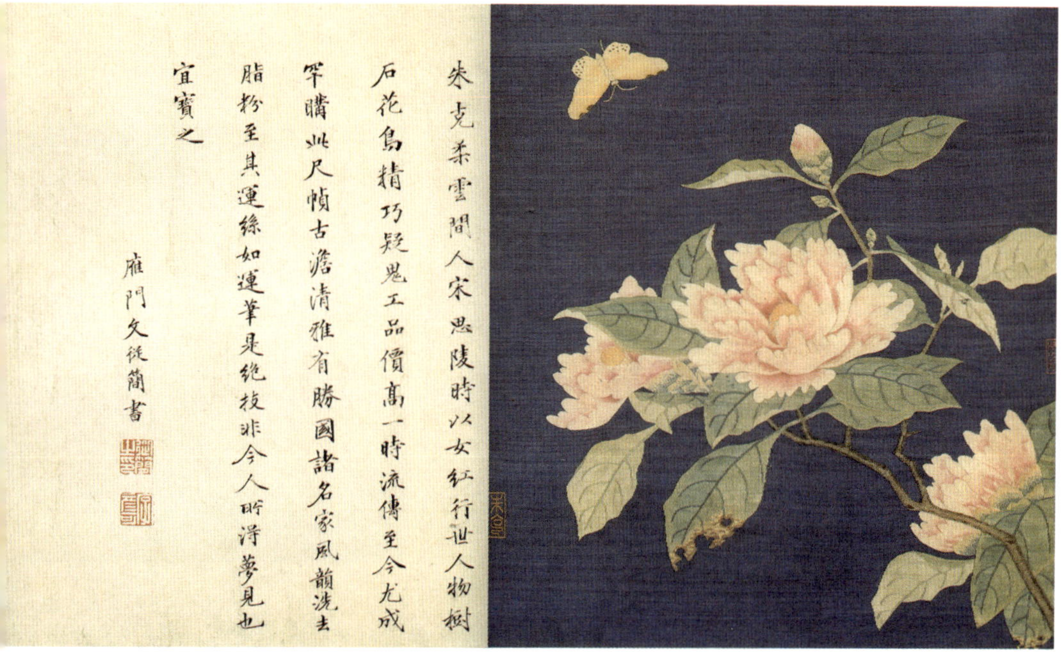

图 6 南宋 朱克柔 缂丝《山茶蛱蝶图册页》 辽宁省博物馆藏

就是今天的上海。她以摹缂名家绘画作品而享有盛名。此幅《山茶蛱蝶图册页》以宋代花鸟画为蓝本织造，凭借高超的缂丝技艺，用不同颜色的合花线完美地再现了原画。蓝色底子上是盛开的山茶花，有蝴蝶飞上飞下，最精彩的是叶子的虫蚀部分，织得非常生动逼真（图 7）。

朱启钤晚年收入大为减少，却要负担起庞大的家庭开支，还要支付营造学社的经费。大有大的难处，你想想，他有 10 个女儿、5 个儿子，这样大的一个家族支撑起来绝对需要很大的费用。所以他为了筹集资金决定出售这批缂丝。

闻讯而来的是日本实业巨子大仓喜八郎，他提出要用重金购买。大仓喜八郎早年生意巨大，建立了日本第一家私人博物馆，是非常有名的收藏家。但你知道他是做什么生意的吗？军火生意。因此，桂辛老婉言谢绝了。思来想去，最后他决定把这批缂丝卖给张学良。他跟张学良有一层关系，张学良

图 7《山茶蛱蝶图册页》（局部）

的弟弟娶了朱启钤的六女儿。当时成交的价格是20万银元，等于半买半送了。张学良买来后，小心翼翼地存放在东北的银行里。

“九一八事变”以后，这批缂丝不知怎么落入了日本人之手，去了长春，还被编印成图录《纂组英华》，当时在业内引起不小的轰动。

到了 1948 年，解放军解放长春之前，朱启钤生怕这批缂丝毁于战火，四处活动寻求解决的方法。当时王世襄先生在“清理战时文物损失委员会平津办事处”任职，他以该处的名义拟了一个呈文，由桂辛老亲自交给了宋美龄，请求宋美龄想办法保护这批缂丝。在宋美龄的干预下，这批缂丝不久即空运到北京，先存放在中央银行，后来转由故宫博物院保管。

新中国成立后，尊重张学良的意愿，这匹缂丝被调拨回了辽宁省博物馆，永久地留在了他的家乡。这是所有人都没有想到的，但却是所有人都愿意看到的。

023

明·犀皮漆捧盒

观复博物馆藏

今儿讲的这国宝有点儿生僻，叫犀皮漆，是个捧盒（图 1）。

拥有一件东西是要有缘分的，老话儿说：该是谁的就是谁的，争也没用。这件国宝原来是王世襄先生的，那么再早这东西是谁的呢？他老人家没跟我说，我也没打听。从我第一次看见它到拥有它，中间间隔大约有 20 年。王世襄先生最早拿给我看的时候，我怎么也不敢想，它最后能归了我，我觉得没这个可能啊（图 2）！

王世襄先生每次让我看的时候，他都爱不释手，每次都说：让你展一眼。什么叫“展一眼”呢？这是古董行的行话，就是让你有限度地看一眼，在你

图 1 明代 犀皮漆捧盒 观复博物馆藏

图 2 我和王世襄先生

面前展览一下，所以说展一眼。古董行里，没有人说：你这东西让我看一眼；也没有人说：我这东西让你看一眼。都说展一眼，这是一个极为文雅的说法，把低事儿给说高了。

王世襄先生是文物大家，出身名门。他父亲是民国政府的外交官，母亲金章是著名的鱼藻画家，舅舅金城金北楼是北方工业界的领袖。他们家祖上就有钱。

刚认识他的时候，我大概 30 岁，他已经 71 了。按年龄，他可以算我祖父辈的。我那时候经常去他家聊天，一般都是晚饭后去。过去，如果晚饭前去人家，就等于去人家蹭饭。

那些日子，我吃完晚饭，就从我家骑车到王世襄先生家，大概有五分钟的路程。我记得很清楚，第一次看见这犀皮漆盒的时候是夜里，他让我看是为了留住我，不想让我走。我们聊天的时候，他只要一感觉我要告辞了，就说："等会儿啊，等会儿我给你展一东西啊。"那时候老爷子比较孤独，没有多少人跟他交往。他的太太袁老师又睡得早，王先生就一个人跟我东一句

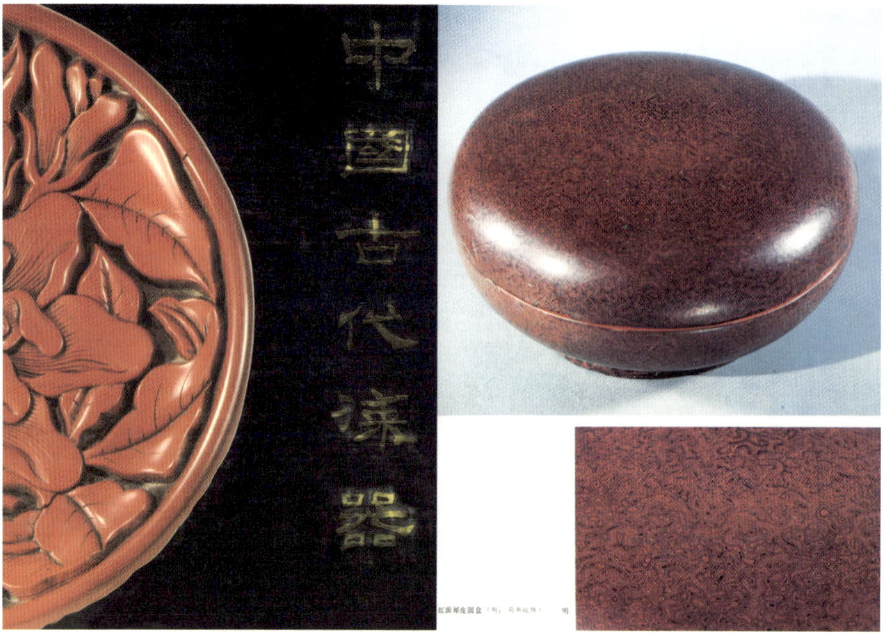

图 3 《中国古代漆器》书中收录的这件犀皮漆捧盒

西一句地瞎聊。那个年月是 20 世纪 80 年代，那时候我们都认为晚上过了十点钟就很晚了，在人家家里特别不礼貌。所以每到十点的时候，我都会起身告辞，他就说："再待会儿，啊，再待会儿。"一到我要告辞，他准拿出一件东西来，那我就肯定走不了了嘛，想看那东西嘛。其实我自己睡觉很晚，天天都熬到下半夜，我只是怕打搅他老人家。

那天，他拿出这犀皮盒的时候，说了一句：这可是国宝啊！

王世襄先生在他编撰的漆器的专业书，比如《中国古代漆器》中，就收录了这件犀皮漆捧盒（图 3）。王先生抱着这捧盒告诉我：这是犀皮漆。那回是我第一次听说"犀皮漆"。

什么是犀皮漆呢？"犀"这个字常见又不常见，说它常见是因为它就是"犀牛"的"犀"。借此机会我得说一句，本人是野生动物救援大使，有一句广告词你应该知道：没有买卖，就没有杀害（图 4）。说"犀"字不常见，

图 4 野生救援公益大使

是因为这个字除了用在“犀牛”上，别的地方基本上不用。

犀皮漆是什么样子的呢？纹理行云流水，感觉比较花哨。有一种说法，说犀牛老趴在地上，肚皮在地上蹭蹭蹭，蹭蹭蹭，肚脐那个地方就磨出了一层一层的纹理，这就跟犀皮漆的效果差不多，所以叫犀皮漆。

其实犀牛皮并不硬，我去过非洲，摸过犀牛。犀牛虽然皮很厚，但不坚硬，摸着特柔软，不像我们想象的那么硬，它跟铠甲完全不一样。

关于犀皮漆的来历，还有一种说法，它是指马鞍子和马镫挨着的位置，不断地被摩擦，有凹下去的地方，露出了一层又一层的颜色，漆匠就是根据这种自然形成的纹样，仿造出的犀皮漆。

犀皮漆是中国漆器中一个较为独特的现象。中国漆器一般有两种，一种是动刀的，一种是动笔的。动刀的就是我们经常看见的剔红啊、剔犀啊，都属于这一类（图 5、图 6）。表面上不平，有图案，比如剔红，有刻刀马人的，有刻花果纹的，有刻植物纹的。剔犀呢，也叫云雕，雕的云彩跟如意纹似的。

还有一种漆器是动笔的，也就是画的、描绘的，描金的、描银的、描彩

图 5 明永乐 剔红双层牡丹纹圆盘
故宫博物院藏

图 6 元代 剔犀云纹圆盘
故宫博物院藏

的，各种图案都有（图 7）。

唯独有一种漆器是既不动刀又不动笔的，就是犀皮漆。它是用不同颜色的漆，根据需要顺其自然成为天然纹理，最终磨制而成，有点像大理石的纹样。犀皮漆的颜色基本上是一冷一暖，以红为主，夹杂着黑、黄、绿等颜色（图 8）。

图 7 清雍正 彩漆花鸟纹圭形盘
故宫博物院藏

图 8 清中期 犀皮漆长方盒
南京博物院藏

其实犀皮漆也有带图案的，一开始我都不相信，我说这怎么出图案呢？这种带图案的犀皮漆都出自山西。猛一看，什么都看不见，仔细一看：哟，这儿看见一鹿！再看：哟，这儿还一鸟儿呢！再认真看：哟，这里还有人呢！特神奇！我们观复博物馆里就有，只不过没有展出，这都是我当年收集的（图 9）。

我曾经说过，养育中华民族的有三种树，都做出过巨大贡献：一个是茶树，一个是桑树，还有一个就是漆树。中国人用漆的历史，至少从河姆渡文化就开始了，有五六千年的历史。漆的功能很简单，第一个功能就是用来防腐，第二功能就是用来装饰。生活一好嘛！有精神追求，所以漆器就越做越漂亮。

现在我们能看到的犀皮漆都是明清时候的。犀皮漆，北方有个俗称叫虎皮漆，南方有个俗称叫菠萝漆。中国好多文物的学名和俗名是不一样的。俗名好理解：虎皮漆，跟老虎皮似的；菠萝漆，疙疙瘩瘩的。甭管它怎样叫，

图 9 清早期 犀皮漆双鹿纹拜匣 观复博物馆藏

你都能从名字上想象出大半来。

当时我就好奇地问王世襄先生，我说：您这宝贝哪儿来的呀？

王先生瞧我一眼说：买来的呀！

当时我心里想：您多少钱买的？可是不好意思问。哪儿买的？就更不能去打听。

过去古董这行业特忌讳，不能告诉你哪儿买的：我是东小市老王家买的，打磨厂老李家买的……这都不能告诉你，怕的是你抄后路！懂规矩的人都不打听，打听的人都不懂规矩。

但我知道，他老人家20世纪60年代花5块钱就买过一个黄花梨桌子，你想这个捧盒是那个年代收来的，肯定都到不了五块钱。这种东西早年没什么价值，没有人认。那个时候收藏市场跟今天有所不同，它有一个极大的乐趣，就是你在生活中省点儿钱，三五块钱，在晓市儿上，在旧货摊儿上，在农贸集市上，都可能淘到心仪的东西。我喜欢文物的年月，十块八块在地摊儿上买东西很正常啊！尽管那个时候钱值钱，不过钱再值钱，也没有现在这东西值钱！地摊儿上，尤其这种杂项，杂项是最难辨认的，各种杂项，各种东西，你懂的越多，捡漏的机会就越大！

王先生在同时代不怎么受欢迎，因为他写的书，别人都觉得不是正经事儿，什么竹器啊、葫芦啊、鸽子哨啊，这在当时都不入流。王先生写过《中国画论研究》，写过《中国古代音乐书目》，这些算正经著作。家具这行，在王世襄先生之前，在古董行里没人研究，当时的人都不认为这是门学问。后来看见西方人率先研究了，中国人才奋起直追。王世襄先生研究的东西都特别俚俗，他自己也说过："我自幼及壮，从小学到大学，始终是玩物丧志，业荒于嬉。"

过去，研究中国文物首推金石学，甲骨文啊、青铜啊、碑帖这些；其次是书画。研究陶瓷的人都低人一等。所以在当时研究竹木牙角器，这干脆就不入流。

我刚开始的时候也不知道，都说众生平等嘛，去了才知道，人家看不上这些。后来瓷器慢慢值钱了，地位才有所上升。

当时在王老家看东西的时候特别不好意思。为什么呢？王先生家很拥挤，掏出个东西很麻烦，太费劲了。他每回掏东西，都给你强大的心理压力。他屋子小，东西都摞着，要掏半天。有时候他要在柜子里拿个东西，先要把柜子前面的桌子挪开，然后把柜门打开，抱出两床被子，扔在床上，然后再从被子底下拿出锦盒来，折腾半天，才把这东西掏出来。

王世襄先生对我说：犀皮漆，这件天下第一，看一眼就是福气。你要知道东西的气场与人的气场能够沟通叠加，我当时看这东西的时候感觉都放光，摸着也温暖。这场景你想想，两代人，夜深人静，唯有物可以沟通。

后来，我再想看这东西只能翻书了。这盒子有个名字叫捧盒。什么叫捧盒呢？简单地说就是双手捧着不大不小的都叫捧盒。捧盒有瓷的，有木头的，有漆的，有竹的，有金属的，《金瓶梅》《红楼梦》中多有描述。过去捧盒是富裕人家的标配，甭管吃的用的，装入捧盒就特雅，尤其让佣人捧着，能显出主人的品位和身份（图10）。

王世襄先生的这件藏品，2003年的时候送给嘉德公司拍卖。那时候王老已经快90岁了，年纪已经很大了，他想在自己不大利索的时候，把这件事儿给处理利索了。

机会终于来了，拍卖的时候，我一下子就看上了这东西，心里想甭管花多少钱，我得把它买回来。本来我估计我自己还有可能买不到，结果这东西卖得还真不贵，是我当时准备买这东西的钱的十分之一。当时真没人争啊，没人懂，我铆足了劲，抡圆了这一锤，结果感觉一脚踏空，还闪了我一下子！这东西就归我了。现在，它常年在观复博物馆里展出，你看见的时候，千万别觉得这东西没什么了不起的啊，你有这感觉，就土了。

图 10 清代 孙温《红楼梦》插图 旅顺博物馆藏

王世襄先生的收藏态度是：这东西由我得之，由我遣之！这些东西都是我自己收集来的，就由我把它散了吧！

所以古人有句感叹：宝物聚聚散散。聚是缘分，散就是缘分尽了。人也是一样啊，有聚有散，我们常说好聚好散。所以庄子有句话叫：安危相易，祸福相生，缓急相摩，聚散以成。

024

明成化·斗彩鸡缸杯

台北故宫博物院藏

鸡缸杯，名字如雷贯耳！故事就从这儿讲起。

根据现有的资料统计，全世界有案可查基本完整的鸡缸杯，加起来一共有十七只，比大名鼎鼎的汝窑还少。其中大头儿在台北故宫博物院，有十只，不用问，肯定是国宝南迁时带过去的（图 1）。另外七只，馆藏占三只：美国大都会艺术博物馆一只（图 2）、英国大维德基金会一只（图 3）、瑞士日内瓦鲍氏东方艺术馆一只；剩下的四只，先后被大名鼎鼎的苏富比公司拍卖。

而大陆的公立博物馆一只都没有，故宫博物院也没有。以前我们认为故宫博物院有两只，但 2016 年，经专家重新鉴定，认为这两只鸡缸杯是康熙时期仿的，并非成化时期的作品（图 4）。

上面说的都是传世的、品相相对完整的鸡缸杯，景德镇御窑厂遗址出土的残器那就多了去了，绝对不只十七只，但到底有多少呢？谁也不知道。我过去看过，一看就是一大片。

图 1 明成化 斗彩鸡缸杯
台北故宫博物院藏

图 2 明成化 斗彩鸡缸杯
美国大都会艺术博物馆藏

图 3 明成化 斗彩鸡缸杯
英国大维德基金会藏

图 4 清康熙 斗彩鸡缸杯（一对） 故宫博物院藏

万历时期有个举人叫沈德符，其父考上进士，进京为官，所以他生于北京，算二代移民。这个官二代、富二代，因为他爹是史官啊，沈德符自幼喜欢历史掌故，博洽多闻。他写了一本书叫《万历野获编》，记录了当朝很多典故，内容翔实，十分可信，有点像“当朝杂记”。我也写过系列的小文章——《往事与旧物》，就与这类似，现在写这种书的人并不多。

《万历野获编》有这样的记载，他说：万历的时候，瓷器最值钱的是成化的，其次才是宣德的。成化鸡缸杯在万历年间的价格高得令人咋舌。这是目前找到的最早有关鸡缸杯成为古董后的价格的记载，起点很高。

明晚期是中国古代收藏形成规模的第二个高峰，就是我们说的“收藏热”。我在《百家讲坛》里说过，中国历史上有四次收藏热，分别是北宋末、明晚期、清代康雍乾盛世、清末到民国初年。其实南宋时期收藏也热，但南宋没有形成峰值，比较持平。

什么是收藏热呢？就是大家津津乐道地谈论这事。为什么要谈论这事儿呢？是因为对有钱人来说，财富很大的一个问题就是要浓缩。你想想，有什么办法能把财富浓缩呢？

收藏热的另一个特征就是专业书籍增多。

晚明时期，屠隆的《文具雅编》、董其昌的《古董十三说》、文震亨的《长物志》等等这些古董类图书集中出现，显然与收藏热有关。文人们用自己的笔推波助澜，将成化年间制作的鸡缸杯渲染到了头。

在明末人谷泰的《博物要览》上，成化鸡缸杯的社会地位头一次被明确地说了出来，当时仅次于斗彩葡萄纹高足杯（图 5）。

明末清初，孙承泽撰《砚山斋杂记》，首次写道：“成杯茶贵于酒、彩贵于青。其最者，斗鸡可口，谓之鸡缸。神宗时尚食，御前成杯一双，已值钱十万。”尽管当时都是根据个人的好恶进行评价，但无论怎么评价，鸡缸杯都在冠亚军之间。

到了清代康雍乾盛世，人们把鸡缸杯的推波助澜做到了巅峰，大量地复制、改良，甚至离题万里，比如把斗彩鸡纹画到了碗上（图 6），画到了笔筒上（图 7）。

这里有个事儿很有意思。过去青花刚一出现的时候，文人都认为这东西俗，比如明初曹昭在《格古要论》中说：“有青花及五色花者，且俗甚。”后来又有阵子，青花的地位上来了，认为青花器雅，彩瓷俗。到了孙承泽这会儿又说“彩贵于青”，认为彩瓷比青花贵。现在也是彩瓷比青花贵，青花卖不过彩瓷。

“彩贵于青”这个规律，一到商人左右市场的时候，彩瓷就比青花贵；

图 5 明成化 斗彩葡萄纹高足杯（一对） 故宫博物院藏

图 6 清雍正 斗彩鸡纹碗
2012 年 香港苏富比

图 7 清乾隆 斗彩鸡纹笔筒
故宫博物院藏

到了文人左右市场的时候，青花就比彩瓷贵。因为商人都比较俗，喜欢带彩的，明末就是商人起来了嘛，所以彩贵于青。现在也是商人阶层起来了，所以也是彩贵于青。

我刚喜欢瓷器那会儿，明显是青花贵，一听说宣德青花、雍正青花，都贵。整个文物系统都知道青花贵，因为那时候是文人左右市场。

明代并没有“斗彩”一词，“斗彩”不见于明代之前的任何文献。以至进入清朝许久之后，在雍正宫廷档案中亦不见“斗彩”一词，仍唤作“成窑五彩”。乾隆年间，曹雪芹创作的《红楼梦》中也写成“成窑五彩小盖盅”。

“斗彩”一词为清代创新之词，从五彩中单列出来，最早出现于乾隆时期的一部著作，叫《南窑笔记》。简单来说，斗彩就是青花双勾后，再填入彩料。对大部分人来说不大容易理解区分，读者大致了解即可。

由于“斗彩”一词生发于民间俚俗，以讹传讹的大有人在。晚清民国谈瓷之书常常望文生义，故写“斗彩”除本名外，还有的写成“豆彩”“逗彩”等等。

这“斗”字有两个音，初入门爱好者在这个地方常常念错，读成“抖彩”，读“抖彩”的全是棒槌。棒槌是土话，有外行的意思。所以你一读“抖彩”，人家就知道你是一外行。

斗彩被收藏界确认以后，便从五彩中剥离出来。收藏界的人都认为斗彩比五彩高级（图 8）。我年轻的时候，斗彩比五彩贵多了，不是贵一点儿，就连普通的一件斗彩都特别贵。我记得当年文物商店里，一说斗彩都收起来不卖你。斗彩的数量本身就少。我觉得斗彩价值的提高，与斗彩鸡缸杯有直接关系。而现在，斗彩卖不过粉彩，有时候还卖不过五彩，这就是古话说的“风水轮流转”。

那为什么这个杯子称为“鸡缸杯”呢？先说鸡，它指的是杯子上的纹饰：一家公母老幼五只鸡，画面祥和，其乐融融，反映了一个皇帝内心的向往。没有档案也没有野史说明成化鸡缸杯为什么此时诞生，据学者们猜测，成化元年为鸡年。鸡与“吉”谐音，鸡又有五德：“文武勇仁信，一鸣天下白”，取吉祥之意，绘平安之图，新帝王有可能授意于此（图 9）。

再说缸，这是指造型。鸡缸杯之“缸”，名称十分独特。按理说，“缸”与“杯”是两种不同的造型，生捏在一起初听十分别扭。瓷器的名称到清代尚没有把两个造型攒成一个新词儿的，碗盘杯盏、瓶尊罐缸，各不相扰。鸡缸杯之“缸”

图 8 明成化 五彩缠枝牡丹纹罐
英国维多利亚与阿尔伯特博物馆藏

图 10 明成化 斗彩海水龙纹天字盖罐
故宫博物院藏

图 9 观复鸡缸杯

缘于缸这一造型，缸的定义是直壁敞口——大家都见过水缸吧?

说到杯，这是用途，猜测这东西应该是喝黄酒的。为什么是喝黄酒的呢？因为跟它配套的还有天字罐，天字罐跟那黄酒的坛子造型别提多像了（图 10）！

说了半天，大家对鸡缸杯有一定的了解了吧？前面说过，市场可供流通的鸡缸杯只有四只，和谁有关系呢？和仇炎之有关系。

仇炎之是苏州太仓人，是仇英的第十四世孙。他长得比较温和，跟卢芹斋、戴润斋比较起来最温和。他的古董生意大，一生收藏有两对共四只鸡缸杯。换句话说，进入市场的这四只鸡缸杯，都是从他手里出来的。

其中的一对，是仇炎之在 1949 年途经香港逗留期间遇见的。当时香港的古玩店特别热闹，能变钱的都变钱，能解燃眉之急的都解燃眉之急。当时由于信息不怎么沟通，对于成化鸡缸杯这类古玩，大部分古董商都没眼力。加之兵荒马乱之时，卖者心切，买者心虚，故以 1000 元港币低价成交。后来仇炎之在生前将这对鸡缸杯以善价售与英国藏家，其中一只在 1999 年卖了 2917 万港币，后来到了 2014 年，又卖了 2.8 亿港币，创造了当时中国陶瓷的世界纪录（图 11）。

另一对，仇炎之没舍得卖。在他过世后，拍卖他的遗产，1980 年卖了一只（图 12），1981 年又卖了一只（图 13）。

图 11 明成化 斗彩鸡缸杯
2014 年 香港苏富比

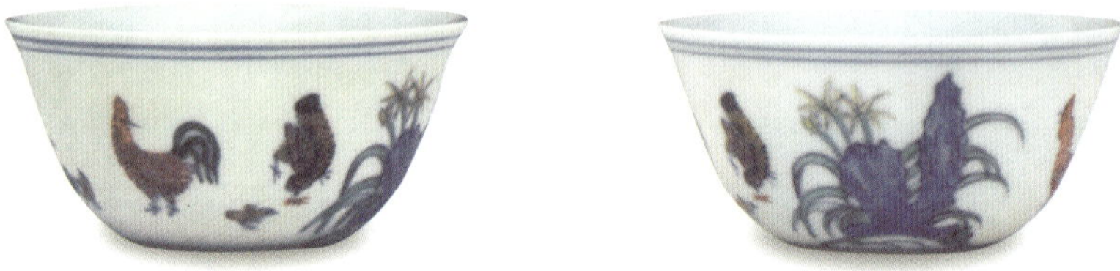

图 12 明成化 斗彩鸡缸杯 1980 年 香港苏富比

图 13 明成化 斗彩鸡缸杯 1981 年 香港苏富比

瑞士日内瓦鲍氏东方艺术馆，是欧洲名列前茅的私人博物馆，也收藏有一件成化斗彩鸡缸杯。鲍尔大约在 1907 年就开始了他的收藏，因为他在欧洲做生意发了大财，最后定居于妻子的家乡日内瓦（图 14）。他前后花了 45 年的时间，收藏了近万件东方艺术品，其中就有一件鸡缸杯（图 15）。

日本博物馆对中国的陶瓷名品情有独钟，在全世界范围公私藏品都不惜重金搜集。如果没有，就以借展的方式让国民享受。鲍尔博物馆的这件鸡缸杯，在 1995 年借给日本展出。结果没想到，这一年的 1 月 17 日早晨，日本关西地区发生了里氏 7.3 级的大地震！死亡 6000 多人，直接损失高达 1015 亿美

图 14 鲍尔与其妻子

元。其实日本的防震措施和防震展柜都特别好，但架不住鲍尔收藏的鸡缸杯恰好在震中地区，此次强震使之破损严重。保险公司为此赔付了巨额保险金，据说当年相关的负责人还因此自杀。现在这只鸡缸杯还在瑞士鲍尔博物馆里展出，只不过已经是修复件了。

我当年听鸡缸杯，就跟你们听我讲一样，都跟神话似的。当年我觉得鸡缸杯，这辈子也得是隔着玻璃看，怎么可能有机会去上手呢？没想到，20 世纪 90 年代我去日本，朋友们知道我喜欢收藏，就安排我去一个日本著名的陶瓷收藏家府上做客。老人仙风道骨，我作为后辈，战战兢兢，多少还有点手足无措。我们谈的话题显然就是收藏，尽管有语言障碍，但以专业沟通，我们还是能谈得兴致勃勃。

老人知道我不属于滥竽充数之辈，心血来潮，从室内沏茶一杯，端放在我的眼前。我瞥了一眼就惊呆了！黑漆描金的托盘上，一只彩瓷的小杯静卧，杯小不盈握，薄如蛋壳，上面绘着数只小鸡，古拙可爱。

图 15 明成化 斗彩鸡缸杯
瑞士鲍氏东方艺术馆藏

老人示意我用茶。我如有所不知，也就没有今天讲的这个故事了。可我知道此杯为明代成化斗彩鸡缸杯，旧时曾为彩瓷之冠，有多少英雄豪杰为之敬仰，有多少富商巨贾因之解囊。这个平时只能在博物馆里隔着玻璃观望的国宝，这会儿平静地放在我的面前，茶汤微黄飘香，烟气袅袅上升。

我从未想过拿此杯饮茶，连上手看看都觉得是天大的享受了。屋静如无人呐！我右手拈起小杯，左手托稳，一口饮尽，也没想再喝第二杯，就向老人行礼道谢，我说："这是我一生中喝的最昂贵的茶了。"老人说了一句，很有意思，他说："茶不以杯贵，却以人贵。你是贵客啊！"

鸡缸杯名气如此之大，但到现在，它的来历仍不很清楚。

为什么鸡缸杯在成化前后都没有烧造？即便是康雍乾三朝仿制，也没有出了大的框架？很多人猜测鸡缸杯与成化皇帝和万贵妃有直接关系。

这位比成化皇帝大 19 岁的万贵妃，59 岁那年去世。那一年，成化皇帝才 40 岁，正值年富力强。万贵妃过世的消息传来，成化皇帝难过得半天讲不出话来，最后说了一句："贞儿已去，我也不久矣。"8 个月后，成化皇帝因忧伤过度，寻找他的爱情去了。他们留下的唯一爱情证物，也许就是这个鸡缸杯了。

025

北魏·铜鎏金弥勒佛立像

美国大都会艺术博物馆藏

这个故事发生在1918年，距今整整100年。在哪里发生的呢？在河北正定县的一个小村子里。正定也是古城了，有很多寺院、古建筑（图1）。那儿还有一个景点叫“荣国府”，我们非常熟悉的87版《红楼梦》，里面有很多场戏就是在这儿拍的（图2）。

100年前的一天，正定的一位老农民和平时一样，在自己的地里犁地，突然就犁出了一尊金佛爷（图3）！

为什么犁地能犁出金佛爷来呢？现在的城市人很少见过怎么犁地了，犁跟耙不一样，耙是平整，犁是深翻。耙子是带齿儿的，跟猪八戒的耙子似的，而犁这种农具则是个放大了的箭头。过去农民认为，地得翻得深，第二年粮食才能打得多。所以当时这位老农起码翻了有一尺多深，才有可能把这个金佛爷翻出来。犁本身也是农业工具中非常重要的革命，很多考古中，犁都作为最重要的一类文物发现。比如良渚文化就出土过石犁，标志着史前农业已经进入了犁耕农业的阶段。

犁到了金佛爷的这位老农不敢声张，回家神秘兮兮地告诉了家人，结果他的孩子没忍住，就跟邻居说了。没过多久，“河北正定挖出了金佛爷”的消息就散开了，很快就传到了北京。

北京的古董商们一个比一个耳尖，一个比一个腿儿勤，就拼命地往正定奔，纷纷出高价希望收购，甚至有人还开到了一万大洋的高价！但是怎么也没想到，这老爷子奇倔，毫无情面可讲，只给他们撂下一句话，说：“金佛

图 1 正定隆兴寺中的宋代摩尼殿

图 2 正定荣国府

图 3 北魏 铜鎏金弥勒佛立像 美国大都会艺术博物馆藏

爷无价，一万大洋也不卖！”

当时北京有个古董商叫俞淮清，学业不精，但脑子好使，聪明，又好打听，平时没事儿的时候就钻到串货场，边看边问，学了不少本事。而且这人特别善于交际，用今天的话讲就是“情商高”，所以他在古玩行是出了名的“交友甚广，消息灵通”。

这个串货场就相当于今天古董行业的内部交流会，是这个行业独有的销售方式。它不对外人开放，业内的人自己先做一道买卖，目的是在业内先取得第一次利益，找到它的基本价位，也就是找到所有业内人都认可的一个价位。今天，日本的古董业仍然维持着这一传统。古董商各自有各自的客人，各自有各自的渠道，各自的东西都会找到自己最好的买家。换句话说，这叫“肥水不流外人田”，漏儿不会放给外人。但现在跟过去不一样了，现在最贵的就是国外的小拍卖行，这就有点类似过去的串货场，去的都是商人，藏家都不去，商人之间自我博弈，使那东西屡创天价。回来以后呢？根本就卖不出去。

俞淮清得知了这尊佛像的消息后，就想做这单生意。但他觉得自己的眼力有限，财力也有限，所以就叫上了他的哥哥俞宴斋和另外一个古董店的经理，叫丁济谦，三个人合伙儿做这生意。

经他们鉴定，这尊金佛爷的确是一尊北魏正光五年（524年）造的铜鎏金弥勒像，是件不可多得的国之重宝！过去的人管表面鎏金的佛像都叫金佛爷。为什么要鎏金呢？有句老话叫“人要衣装，佛要金装”，其实这金佛爷内在并不是纯金打造的。纯金佛历史上有没有呢？有，很少见，故宫博物院就有。有机会我再专门讲（图4）。

为什么能确定这尊造像的具体年份呢？是因为造像底座上有铭文，写着“大魏正光五年”。这铭文不只交代时间，还告诉我们这尊造像是新市县（今正定新城铺村）的一个叫牛猷的人为他去世的儿子铸造的。但由于铭文不是

图 4
清代 金镶珠弥勒佛立像
故宫博物院藏

太清楚，所以业内对造像者的名字有点争议，到底是牛猷，还是午猷？按照大都会官网给的解释，叫 wu chen，现在都说不清楚。但可以确定的是，这个人为他死去的儿子斥重资铸造了这尊佛像，来寄托他的哀思以及对儿子的祝愿。

铭文是这么写的：

大魏正光五年九月 戊申朔十八日新市县 ×× 为亡儿盖秩造弥勒像一区愿亡儿居家眷属常与佛会。

这尊佛像站在四足方形的莲花座上。我们今天看到的大部分佛像，都是站着或坐在一个单独的莲花座上，底下并没有什么方形的台子。但是早期佛像，底下有一个类似板凳一样的佛台，所以这类佛像过去在业内通称为“板凳佛”（图 5）。一说“那有一板凳佛”，你就知道时间会偏早些。有些早

图 5 北魏 铜鎏金菩萨像
故宫博物院藏

期的佛像干脆连莲花都没有，只有一个板凳，佛站在板凳上。

而且这尊金佛像跟你想象的金佛像还不一样。第一，它个儿大。鎏金佛常见的高度一般就 20-30 厘米，可这尊呢？通高 76.8 厘米！第二，它不是一个单体佛，周围的装饰特别复杂。明清时期，我们看到的基本上都是单尊佛。而早期的佛像跟后来的佛像有明显的不同，附加的东西特别多，除了佛，还有胁侍菩萨及一堆供养人。

这组造像的主尊弥勒着褒衣博带式袈裟，施无畏印和与愿印，面容瘦削，是典型的北朝秀骨清像风格。

“褒衣博带”本是对华夏民族一种传统儒服的称谓，它的具体形成经过了一个漫长的阶段。到了周代，礼、乐、仪、服趋于成熟，褒衣博带服饰逐渐成形，成为此后战国时期儒服的基本样式，并在秦汉得到了承袭。

“褒衣博带”是什么意思呢？就是“褒大之衣、广博之带”。“褒衣”可以理解为宽襟大袖之衣，“博带”就是用于束腰的大带。说通俗点就是宽袍大袖。所以早年，中国文人就把出现在南北朝时期的这种类似的佛衣通称为“褒衣博带式”。你看佛像到了中国就国产化了，都开始穿中国的衣服了。

这组佛像是北魏时期的。北魏是鲜卑族建立的政权，时间不算太短，大概存在了一个半世纪，它是南北朝时期存在最长的王朝。北魏以佛教为立国之本，除了太武帝拓跋焘反佛、灭佛之外，其余帝王均信奉并大力扶持佛教发展，举国家之力大兴佛教，这就使佛教在中国北方盛行。典型的代表就是我们熟悉的云冈石窟和龙门石窟的兴建（图 6）。

杜牧有诗“南朝四百八十寺，多少楼台烟雨中”，因为这诗太有名了，所以让我们认为南边的佛教发展更盛行，其实北魏佛教比南朝盛行得多得多。

图 6 北魏 云冈石窟 第 20 窟佛像

皇家庙宇供奉的佛像，以铜胎鎏金为多，造型复杂，而且铸造的工艺极为精湛。今天说的这组造像就是其中最具代表性的作品，它精湛、复杂到什么程度呢？

这是一个完整的供佛场景。刚才说过，它的主尊弥勒站在一个板凳佛台上承的莲花座上，背光透雕有火焰纹，上头绕着十一尊飞天，但现在只剩下九尊了。佛的左右两边分别有一尊胁侍菩萨站在小莲花台上，佛的前面，是两尊半跏思惟菩萨。跏趺坐，我们可以俗称为盘腿坐，半跏就是盘着半条腿，特别像跷着二郎腿在思考人生的样子。思惟菩萨两边还各有两位供养人。板凳佛台两边还有力士像，内侧还有一对狮子。您瞧瞧，这布置是不是特复杂？

俞淮清等三个人看到这尊佛像后，心里那叫一个激动啊！他们想再加些钱，或许老爷子一动心，就同意把这佛像卖给他们了。但是无论怎么软磨硬泡，这事儿都办不成，老爷子说啥也不出手，一看来人多，给老爷子惊着了。“惊

图 7 王士珍

着了”，这是一句行话，就是怎么跟他说都没用了，越有人加钱他就越不卖。

这时候得想办法呀，所以就体现出了俞淮清的情商。他突然想到，北洋遗老王士珍是正定人啊(图7)！而且他喜欢收藏，跟他们三个人都有点交往。王士珍如果能出面，给他们老家的县衙门写封信，然后衙门出面，他们出钱，这事儿就不信办不成！

王士珍在中国历史上是很有名气的。他 1861 年出生在河北正定，清末毕业于北洋武备学堂，凭借过人的才智，得到了袁世凯的青睐，先后担任军政要职，直至北洋政府国务总理的位置。他和段祺瑞、冯国璋一起被称为“北洋三杰”，又称北洋的“龙、虎、豹”。段祺瑞是“虎”，冯国璋是“豹”，而王士珍则被推为“三杰之冠”，被称为北洋的“三杰之龙”，其地位可见一斑。

袁世凯任大总统后，段祺瑞、冯国璋的势力逐渐坐大，跟袁世凯离心离德，两个人之间也明争暗斗，袁世凯天天为此昼寝难安。鉴于王士珍不想争权夺利，不结党营私，便想借助王士珍这位“龙”头大哥压制二人，几次派人去请王士珍担任要职，但都被拒绝了。当年袁世凯还派儿子袁克定去正定请他都请不动，最后还是段祺瑞使了一个小手段，这才让王士珍再次到达北京，参见了袁世凯。袁世凯任命王士珍为陆海军大元帅统帅办事处的六大办事之一，其权力最大。

1920 年，王士珍正在以北洋遗老的身份调停直系、皖系内战。俞淮清此时求见，头一回就没见到，仆人说王士珍公务在身，无暇接见。

俞淮清不死心，第二次求见时特地带了古玩请他鉴赏。王士珍当时为了政事忙得团团转，特别不愿意见政界要人，但古董是个很好的减压的事儿啊，所以王士珍就在书房里会见了俞淮清。

等古玩赏析好了，又寒暄了几句，俞淮清才将正定百姓犁地犁出鎏金佛的事儿告诉了王士珍，希望他写封信给家乡，帮他一把。王士珍听到以后，想着这佛像在老农手中也的确没啥用，不如卖给这古董商，还能赚点钱生活，所以就答应了。于是他写了封信，给正定县衙，由县衙出面，交涉这事儿。

王士珍的信到了正定县衙，那就相当于县衙领了圣旨啊！必须照办。县衙的人就去跟老农商议，怎么商议呢？肯定是威逼利诱啊！老爷子这才同意将这尊造像出售，但价钱方面，非三万大洋不可。俞淮清、俞宴斋、丁济谦又商量了半天，一咬牙一跺脚，就决定买啦！然后就把它运到了北京。

到北京以后，这佛像可就不一样喽！它立刻就轰动了北京的中外古董商。北京山中商会的经理高田义三郎找到俞淮清看货，边看边称赞，说："这佛像是不错，真不错呀！"

山中商会是当时日本常驻北京的古董商会，中国有很多重要的古董都是通过这个商会流往欧美的。当时谁买都买不过山中商会，它有钱啊！最后他以 15 万大洋收购了这尊佛像。

而且这笔买卖，历史上还有一段传闻。

据说，高田向商会报告后，俞淮清有私心，他跟高田说：咱这么着，对外呢，就说我以 10 万元将这佛像卖给您的，剩下的 5 万，私底下咱哥俩儿平分，每人两万五。据说高田高兴地说："呦西，呦西！"这是一种说法。

还有一个版本，说高田向山中商会报告，商会决定以 15 万大洋收购，这高田也贼，他也想吃回扣，就对俞淮清说：咱对外说，就是商会以 10 万元买的您的佛像，剩下的 5 万，咱俩私底下平分。

您看这事儿，怎么听都黑。

但到底谁先提议这么干的呢？咱都不清楚。就像我常说的那句话：历史没有真相，只残存一个道理。历史上有没有这事儿，都另说。

图 8 北魏 铜鎏金弥勒佛立像 美国大都会艺术博物馆藏

按照这种说法，俞淮清就公开了10万的售价，和俞宴斋、丁济谦平分，每人3万多。最终这俞淮清到手将近6万！给自己人打了个赏，分给自个儿的徒弟和伙计每人500现大洋。之后他开了家“淮诚古玩店”，专门做起了法国人的生意。

山中商会拿下这尊佛像后，直接把它送到了山中商会纽约分店，这事儿一下子就过去五年。

到了1925年，这尊佛像同另一尊北魏正光时期的造像一起，被洛克菲勒二世，也就是小洛克菲勒的夫人艾比以22.5万美金购藏（图8）。这事儿怎么那么清楚啊？这是因为在那一年的2月13日，艾比在给她姐姐露茜的信中，提到了她买了两尊精彩绝伦的北魏大型鎏金铜佛。这两尊胜过她以前见过的所有佛像，她衷心渴望购藏拥有。只是购藏的金额太昂贵了，昂贵到什么程度呢？昂贵到她都不想跟别人说到底花了多少银子。

又过了十年，1935年，这尊佛像曾远赴伦敦参加了当时最重要的中国古代艺术大展——“伦敦国际中国艺术展览会”，编号为第七五二号。故宫当年还运去了大批文物展览呢，我们在讲述“大维德瓶”的时候就提到过这事儿。

1938年，这尊佛像被洛克菲勒家族捐给了美国大都会艺术博物馆，被大都会艺术博物馆誉为“神秘荣光”。

我们今天能看到这件如此精致的艺术品，第一个要感谢的，就是为纪念亡儿捐资造像的牛猷，他让这件艺术品横跨1500年。

第二个要感谢的，是那位正定老农，还有三位古董商及王士珍，在100年前，如果没有这么多人重视的话，没准儿这造像就直接化铜了。古董商把它运到了北京，就决定了它的命运。

第三个要感谢的，就是洛克菲勒家族。100年前，这尊佛像流向国外，由于洛克菲勒家族对艺术的无比热衷和酷爱，使得它被善待，被重视，被那个时代所熟知，最后又被无私地捐献给大都会博物馆。

第四个要感谢的，就是大都会博物馆，正因为有它，使得我们今天在大都会博物馆的展览中，仍能一睹这个造像的尊容。

第五个要感谢的，就是我们《国宝 100》的团队，把这个故事挖掘了出来，讲给你们听。

这尊佛像，它传递的表象是佛像艺术，它传递的精髓是佛教精神。

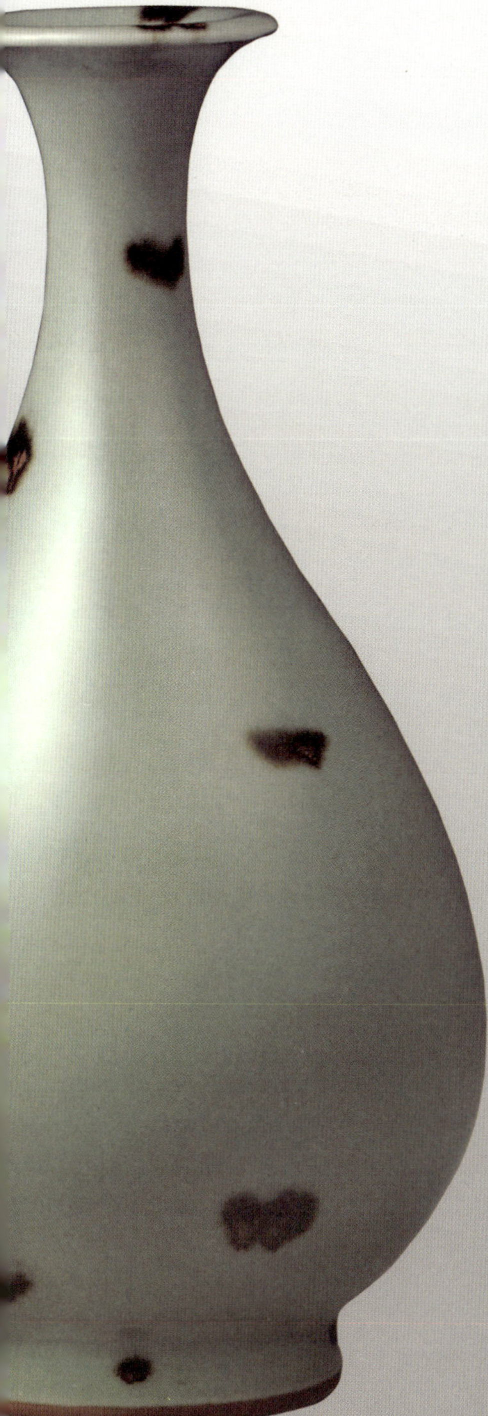

026

元·龙泉窑青釉褐斑玉壶春瓶

日本大阪市立东洋陶瓷美术馆藏

这回的故事要从一位收藏家说起，他的名字叫安宅英一，这名字一听就是个日本人（图 1）。他是家中的长子，由于出生在英国殖民的香港，所以取名“英一”。他父亲安宅弥吉，是日本明治维新时期的实业家，靠贸易发家，后来投身钢铁业。安宅产业，是日本当时的十大综合商社之一，是最高营业额高达 2 兆 6 千亿日元的大企业。安宅家也是个极大的财主。

安宅英一家境富裕，酷爱艺术。他生前也为艺术做出过巨大贡献，其中包括赞助艺术家和收集美术品。

安宅英一从小就与音乐结缘，16 岁起开始学习弹钢琴。高中毕业后，安宅英一进了神户高等商业学校。大学毕业后就结了婚，成家立业，进入

图 1 安宅英一

安宅商会，就是之后的安宅产业。这个时候，他开始对古董有了兴趣，但他父亲并不支持他这一爱好，担心他陷得太深，所以让他离开日本，先把心静一静。

1927 年，26 岁的英一被派遣到伦敦分店出差。在那里，他结识了不少著名的指挥家、音乐家，还时不时地去意大利，接受著名钢琴家的指导，直到 31 岁才回国。然后，他就开始了对日本国内年轻音乐家的援助。1938 年，在东京音乐学校，也就是现在的东京艺术大学，设立“安宅奖”奖学资金，来资助音乐等专业的学生。当时的日本古典音乐界，几乎每个人多多少少都接受过安宅英一的援助。而英一本人非常低调，从不鼓吹自己的善行，只是在幕后默默地奉献。他为东京艺术大学创设的安宅奖，在他死后，由他长子继承，2015 年长子去世后，又由孙子继承。如今这笔奖学金总额有 500 万日元（约 30 多万人民币），每年都会资助 12 ~ 16 名学生出国留学。

1942 年，比安宅英一小十岁的弟弟安宅重雄就任安宅产业的社长。据说是因为父亲嫌英一的艺术家气质太重，整天不干正事，不是弹钢琴，就是资助艺术家，每个月一花就是 1 万多日元，要知道当时应届大学毕业生的工资一个月才 40 日元。英一惯于铺张浪费，在读书的时候，是个连鞋带都要让佣人给系好的“纨袴子弟”。以“坚实”为人生准则的父亲认为“英一没有守成的才能”，觉得他压根不是块老老实实继承家业的料子。安宅英一自己也说过，“社长什么的太麻烦了”，谁爱当谁当去吧，就把社长的位置让给了弟弟。所以父亲安宅弥吉就点名让次子安宅重雄来继承自己的家业，而身为长子的英一则任职为会长。日本的社长，就相当于董事长，拥有最高权力。会长的权力高于总经理，但低于董事长，实际上是个虚职。英一在当了两年的会长以后就辞职了，但 1955 年又重新任职会长，1965 年成为顾问。

安宅英一为艺术作出的巨大贡献，除了赞助艺术家，还有收藏艺术品。作为“安宅收藏”的主导者，尽管藏品实际都归安宅产业，却往往被认为是安宅英一的个人收藏。

收藏开始的契机，可以追溯到 1950 年代左右。当时，英一的好友武智铁二要创立“武智歌舞伎”，相当于我们今天说的歌舞团。为了凑齐资金，武智就开始出售自己收藏的近代日本画——速水御舟的作品。英一素来与武智交好，想要帮他，但个人能力又实在有限，为了防止作品散到国外，就跟安宅产业的员工商量，打算以公司的财力来购买御舟的作品。1951 年的安宅产业董事会上，就商议了此事。为了将企业的利益回报给社会，以及陶冶员工的情操，公司决定把收集美术品作为一个正式的项目来施行。从此就开启了“安宅收藏”之路，英一不光是收藏绘画，他最著名的收藏当数东洋陶瓷，他本人也为此倾注了毕生心血。

这批藏品以原安宅产业株式会社收藏的 144 件中国陶瓷和 793 件韩国陶瓷为主，总数约达 1000 件之多。虽然听上去中国陶瓷的数量没有韩国陶瓷多，但中国陶瓷在质量上远远高于韩国陶瓷，而且件件是精品。安宅的这批收藏，在全世界范围内也获得很高的评价，其中包括日本定下的两件“国宝”和 12 件“重要文化财”。

安宅收藏中的两件国宝，一件是宋代的油滴天目茶盏（图 2），另一

图 2 南宋 建窑油滴天目茶盏
日本大阪市立东洋陶瓷美术馆藏

图 3 元代 龙泉窑青釉褐斑玉壶春瓶
日本大阪市立东洋陶瓷美术馆藏

件就是这回要讲的飞青瓷花瓶（图 3）。

"飞青瓷"是日语的叫法，专指青釉褐斑的瓷器。"飞青瓷"是个专有名词，不可以拆开来说。比如一件青釉褐斑的瓷器，我们不能把它叫作"飞青"，因为"飞"在这里是作为形容词来修饰"青瓷"的，不存在"飞青"这个词汇。我当年特意查了很多中日的字典，的确没有"飞青"这个词，这个叫法可以说是中国人以讹传讹地叫出来的。因为"飞"这个字可以指飘浮、悬浮，这褐斑印在青瓷上，就像悬浮着一样。

这件飞青瓷瓶的表面散布着铁锈色不规则斑点，上面施了一层青釉，这种装饰手法在元代龙泉窑比较少见。在三国两晋以及南北朝时期的青瓷上，有过这种褐斑点在器身的装饰，但它并不突显内容和主题，也没有规律可循。这一类的审美长久地不被中国人接受，所以在中国始终没有大面积地流行开来（图 4）。

这件国宝的器型是我们熟知的玉壶春瓶，撇口、细颈、圆腹、圈足。圈足的底釉被削去大约 5 毫米，露出深红褐色的胎体部分。细长的颈部和丰满的鼓腹造型优雅，张弛有度，相映成趣，达到了一个完美的平衡。无论是莹润的釉色，还是错落有致的褐斑装饰，这件青瓷瓶在同类中都堪为一件优秀作品。

相较于已破产的安宅产业，留存至今的“安宅收藏”更广为人知。这批藏品如今虽然是住友集团出资的，但收藏的名称始终叫“安宅收藏”，最多后面加个括弧，写上“住友集团捐赠”。这个住友集团之前也讲过，是三井家族的产业，就是将“蚂蝗绊”青瓷碗捐献给东京国立博物馆的那一家。

推动“安宅收藏”的还有另外一位重要人物，他叫円城寺次郎，是当年日本经济新闻社的社长，美术造诣极深。他非常了解安宅英一在公司里

图 4 东晋 青釉褐斑鸡首壶
温州博物馆藏

图 5 日本大阪市立东洋陶瓷美术馆

面的微妙处境，徒有个虚职，没什么实权。为了支持英一，他通过日本经济新闻社，举办过多次安宅收藏展，这一点很重要。

1975 年，安宅产业投资石油精炼产业失败。在它出现经营危机时，以住友银行为首的住友集团 21 家公司出面，集资 152 亿日元捐赠给大阪市文化振兴基金。这 152 亿日元今天听起来，也就 10 亿人民币左右，在当年却是一笔巨资。大阪市将这笔捐款用于购买 1000 多件安宅收藏的陶瓷，在 1982 年建设了大阪市立东洋陶瓷美术馆，用来展示、保管和研究这批陶瓷。如今，这里已是陶瓷爱好者的朝圣地（图 5）。

在大阪市立东洋陶瓷美术馆建成后，安宅英一为了感谢円城寺对自己长期的关照和指导，将一件珍藏的陶瓷送到他府上。由当时美术馆的馆长伊藤郁太郎代为转交，他把英一的心意也全部转达到了。但円城寺却坚持不收谢礼，他说："我所做的一切都是分内的工作，你的好意我心领了，但物件我是万万不能收的。安宅先生看中的东西，必定是极有魅力的。一旦打开盒子，我可能会心生犹豫，所以就这样完璧归赵吧。"当伊藤郁太郎回忆这段往事的时候，说自己深深地体会到了円城寺的人生哲学，以及毅然爽快的处事方法，然后满怀敬意地将这件未被打开的瓷器带回到了英一的身边。

回顾安宅英一的收藏之路：

他在 50 岁时，开始以公司的名义收藏美术品，这时候收藏美术品是最好的时期，人心静、沉稳，也做好了充分的审美准备；

64 岁时，成为公司顾问；

67 岁时，遇到知音——円城寺次郎；

74 岁时，安宅产业背负了巨额债权；

75 岁时，停止购买美术品；

79 岁时，将藏品捐出，成为大阪市的公共财产；

93 岁去世。

他这一生，为人非常低调，也没有留下什么著作，但他生前所说的话，却不乏流传至今的名言名句：

"无论是人，还是物，到头来还是看品格。品格才是最为重要的。""对物鞠躬，无论行多少次礼都不为多。"

但凡大收藏家，都有自己的经纪人。专为安宅英一购买美术品的伊藤郁太郎，相当于他的经纪人。他在自己著的书里提到：英一是收藏家执念的象征。他先有宏观计划，一定不急不躁，细心地定好战略，然后尽一切可能实现目标。并不是有钱就能搞收藏。

安宅收藏里著名的藏品很多，其中有一件汝窑的水仙盆，是世界上已知的 6 件水仙盆之一（图 6）；元青花莲池鱼藻纹罐，堪称元青花的代表作（图 7）；还有一对明永乐"内府"款梅瓶，是难得的完整保留了瓶盖

图 6 北宋 汝窑天青釉椭圆水仙盆
日本大阪市立东洋陶瓷美术馆藏

图 7 元代 青花鱼藻纹罐
日本大阪市立东洋陶瓷美术馆藏

图 8 明永乐 青花内府带盖梅瓶（一对）
日本大阪市立东洋陶瓷美术馆藏

的梅瓶（图 8）……这些藏品，如有机会，我们再继续介绍。

这件青釉褐斑玉壶春瓶，是日本国宝里唯一一件飞青瓷。在日本的茶道当中，青瓷是备受器重的。看似随意的褐斑，能给茶室增添韵味。这件作品原是大阪豪商财阀鸿池家族的传世品，后成为“安宅收藏”的重要藏品。在英国的维多利亚与阿尔伯特博物馆、瑞士日内瓦鲍氏东方艺术馆等诸多系列藏品中，都能看到类似的作品（图 9）。

“更为安静的、不高声喧哗的器物，正统的器物才是真品。”安宅本人也一直以极高的标准和一腔执着收集真品。他收藏的这件飞青瓷玉壶春瓶，其实并不符合我们中国人的主流审美。因为以我们传统的观念，釉色完美才算好看，加了褐斑就觉得是有瑕疵了。但恰恰是这件有着褐斑的青瓷，被日本定为国宝。这体现了两国审美的差异，更重要的是，这件作品表现了古人创造特殊美的极高能力，直到 21 世纪的今天才被我们所接受。

图 9 元代 龙泉窑青釉褐斑玉壶春瓶
瑞士日内瓦鲍氏东方艺术馆藏

027

南宋·《玉版十三行》

首都博物馆藏

我有一对用乌木刻的对联，尺寸不算大，挂在书房里（图 1）。

上联是：诗入司空廿四品；

下联是：帖临大令十三行。

一副对联中，指出了两个人：上联这“司空”是司空图，下联的“大令”是王大令。

图 1 清乾隆 乌木廿四品对联 观复博物馆藏

先说这“司空”，熟悉文学的人都应该知道，这就是司空图。司空图，山西永济人，生活在唐末的大动荡时代，是少有的俊才。其“平生之志”不在“文墨之伎”，而在济世安民，他想为李唐王朝尽犬马之劳。然而，世事难料。司空图中进士后就当了个小官，此时李唐王朝已成颓势，不可挽回。于是，他只好隐居避祸，以诗酒自娱，和道士、名僧四处云游。当知道唐哀帝被害的消息后，司空图绝食而亡，也算一个有气节的人。

司空图喜欢作诗，是晚唐著名诗人。他说“依家自有麟麟阁，第一功名只赏诗”。苏东坡对他褒奖有加，说他“诗文高雅”。真正奠定司空图在文学史上地位的，还是他的《二十四诗品》。

《二十四诗品》是一部文学评论著作，主要说的是诗歌理论。里面阐述了二十四种诗歌风格，分别是：

雄浑 冲淡 纤秾 沉着

高古 典雅 洗炼 劲健

绮丽 自然 含蓄 豪放

精神 缜密 疏野 清奇

委曲 实境 悲慨 形容

超诣 飘逸 旷达 流动

《二十四诗品》对后世文学及诗歌评论影响至深，但有点难懂，所以有人认为“或以不解解其不解”。实际上如果超越一般的文学理论层面，从更高的审美角度去审察，这些问题会迎刃而解。1980年代，我做文学编辑。我们编辑部里，隔壁是一位著名的学者，叫俞汝捷，他为我们专门写过《小说二十四美》。这《小说二十四美》就是从《二十四诗品》来的。

再来说说王大令，他正是大名鼎鼎的王献之。因为他曾官至中书令，

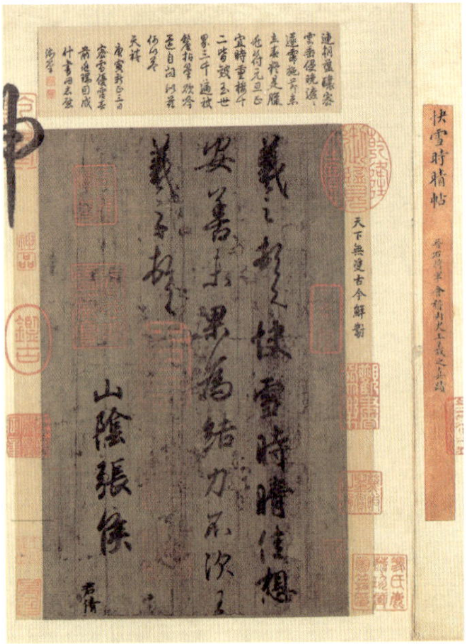

图 2 东晋 王羲之《快雪时晴帖》（唐摹本）
台北故宫博物院藏

图 3 东晋 王献之《中秋帖》（宋摹本）
故宫博物院藏

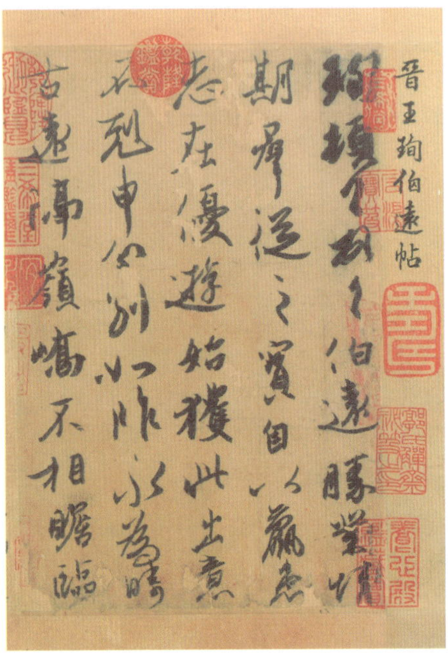

图 4 东晋 王珣《伯远帖》
故宫博物院藏

故人称王大令。王羲之在《十七帖》中说他有“七儿一女”，王献之就是他最小的儿子。最小的儿子往往最得宠，王献之最受王羲之的赏识，而且非常好地继承了王羲之的书艺。其他六个儿子虽然都善书，但比起王献之，要略逊一筹。

在中国古代书法史上，王献之的地位颇高，书法史上常把王羲之和王献之合称“大王、小王”，称王羲之为“书圣”，称王献之为“亚圣”。著名的三希堂是乾隆皇帝的书房。“三希堂”这个名字的由来就与这“二王”有关。王羲之的《快雪时晴帖》（图 2）、王献之的《中秋帖》（图 3），再加上王珣的《伯远帖》（图 4），这三件稀世珍宝都收藏在这个小屋子里，故名“三希堂”（图 5）。

王献之的很多法帖我们都如雷贯耳，《玉版十三行》就是其中之一，所以才有“帖临大令十三行”的说法。为什么是“十三行”呢？因为王献

图 5 三希堂

之的《洛神赋》是麻笺纸写的，到了唐代，已经破烂、散失了。北宋时的藏处也不清楚，南宋时流入杭州，入藏宋高宗内府。当时仅存前九行，由米友仁题跋，后来流入南宋权相贾似道之手。贾似道另外又购得后四行，与内府所藏的前九行连为一卷，共计十三行。贾似道唯恐神迹再度失散，就命工匠将其刻于不到一方尺、似碧玉而非碧玉的一块石板之上。因选石精细、色如碧玉，故称《玉版十三行》（图 6）。但经宋元战乱，原石不知去向。

后来，《玉版十三行》发现于明代万历年间的杭州。一种说法是出自西湖之中，有人猜测战乱时此石被抛到西湖里了，并附会其上大小十余处泐痕为湖中篷船船篙所伤，故曰“篙痕”；还有一说，它出自湖畔葛岭，因葛岭是贾似道的老宅所在。然而这些都只是传说，并未见明确的文字记载。不管哪种说法，都说明这块石板并没有丢失。那它是让贾似道的家人刨坑埋起来了呢，还是为了避祸扔到西湖里了呢？无人知晓，反正没有离开杭州。

《玉版十三行》在杭州发现后，先归了一个叫陆梦鹤的人，后来又经过观桥叶氏、王耳溪收藏。到了康熙四十二年（1703 年），一个叫翁嵩年的人以三百两银子从王耳溪那里把它买了。翁嵩年买回来以后，就拓了一个本，请杨宾考其源流，看看这东西是哪儿来的。杨宾就写了一大段跋文附在拓本后面。翁嵩年在岭南任学使期间，就宣传此事，使得《玉版十三行》名声大噪，慢慢地社会都知道了。康熙四十五年（1706 年），翁嵩年回到北京后，把这《玉版十三行》呈给皇上，《玉版十三行》就在皇家内府收藏了一百三十多年。到了清末民初，社会动荡，兵荒马乱，《玉版十三行》就没了踪影。上回是假失踪，这回是真丢了。

时间又过去了将近一百年。1962 年的冬天，原石流于一无知青年之手，他想将其卖给上海博物馆。在这之前，他去朵云轩卖过，但工作人员不认

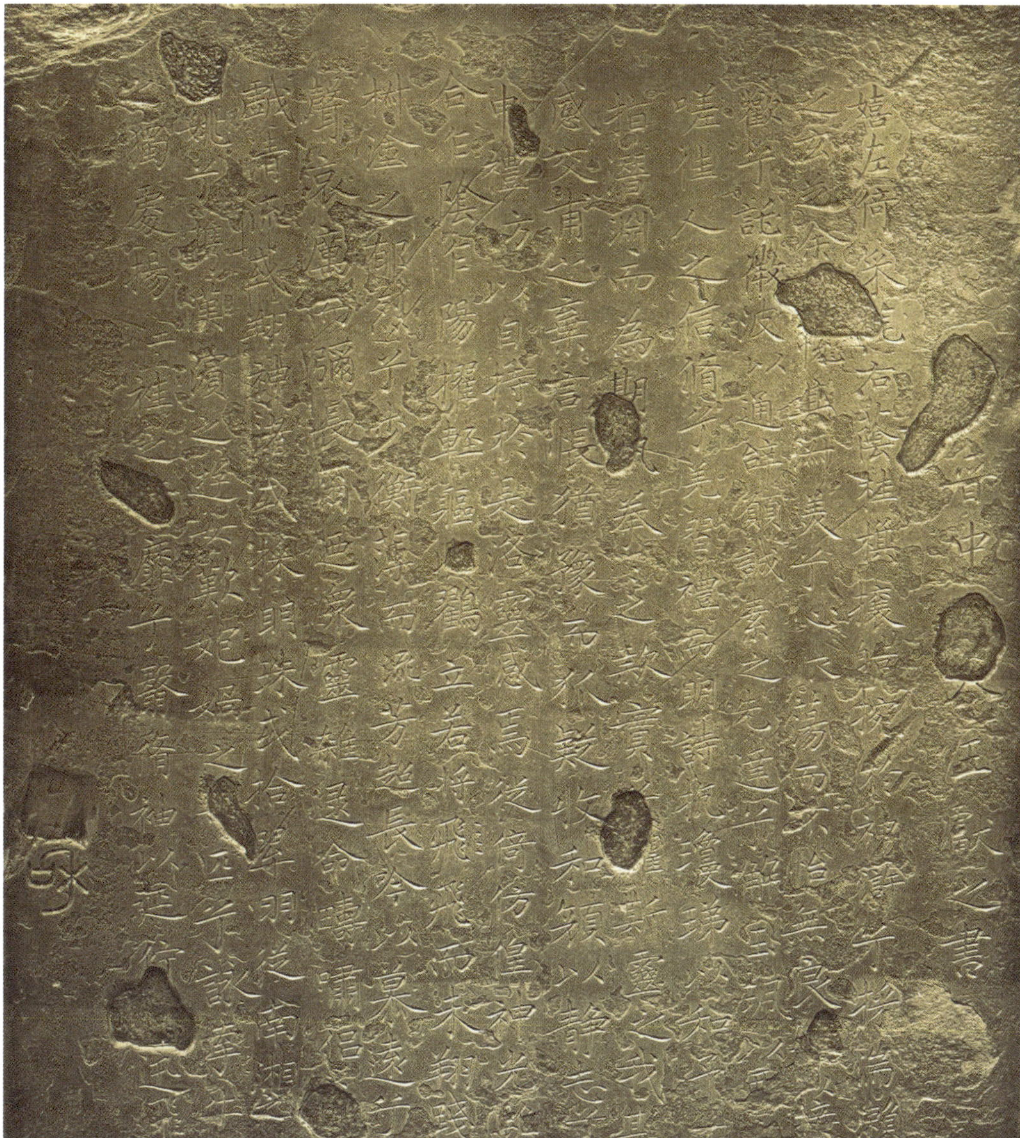

图 6 南宋 《玉版十三行》 首都博物馆藏

这件东西。朵云轩有位老先生认为这不是那块原石，是一翻本。什么是翻本呢？古代的原石，是指最初刻的那块石头；原石有原拓，也就是初拓。拓片拓到一定程度的时候，这石头要么破损，不值得再拓；要么丢失。反正就是没了。拿着最初的拓片翻刻一块石头，继续再拓，这就是翻本。老先生认为这人拿的就是个翻本，价值不大。这个人就自认倒霉，跑到了上海博物馆，上海博物馆也没要，但留了个拓片。

时间到了 1981 年，有人将一块石板拿到了北京市文物商店的收购部。

北京市文物商店的收购部，我给大家简单地介绍一下。中国文物在 1980 年代以前是国家统购统销的，任何个人不得私自买卖。当时北京只有三个官方的文物收购点，一个是华夏公司的收购点，在东单；另外两个都是北京市文物商店的收购部，一个在琉璃厂，一个在地安门。收购部里都是一些老师傅，眼力毒，经验丰富，宠辱不惊。多大的国宝搁在跟前，他都面不改色，见怪不怪。

过去的收购部有三层，外面有一半是开放的柜台，接待一般的客人，东西都先放到柜台上，行的话咱就继续谈，不行就说个客气话，您就走了，不加废话。如果东西看着有一眼，想收购，就把这人让到中间的屋子里，有地方坐着，给您端茶倒水，那就是想买您这东西了。那最后一间屋子呢，是老师傅们商量的地方。老师傅们都有一些暗号，通过眼神、手势以及行业术语，当着你的面用黑话交流，你什么都不会知道。

这一尺见方的石板，上刻王献之书曹植《洛神赋》十三行，当时许多老师傅并不太看好，理由是“既称‘玉版’，材质就应该是玉的”，这黑不溜秋的石头不能是那件吧？这时候，一位老师傅提出来说，事情还得慎重点儿，让货主在中厅稍候喝茶，咱请碑帖专家再来瞧瞧。

碑帖，过去俗称“黑老虎”。懂行的人少，首先要对金石学有研究，另外要对各种拓本都了然于胸。这拓本猛一看都差不多，同一块石头拓下来的嘛，但要清楚地知道哪个是初拓、二拓、三拓。比如要知道哪个拓本缺哪个字，所谓“缺损本”。于是，这块石板就拿给了碑帖专家秦公先生。秦公先生有个特点——不轻易枪毙东西。有些专家是无论什么东西，拿来先毙了再说，要是毙错了呢，就说打消对方的气焰。秦公先生都是以东西好为出发点，因为那个时期没什么文物作伪，即便有假，也不是刻意的，是以前造的假。

当时，秦公先生力排众议，坚持己见。一是清初学者杨宾曾经见过此石，并写道“石为碧苍色”，是石；二来，石头是有石性的，拓本上能看出石性，不懂行的人只能看到拓本上的字。拓本上显现的石性是不能更改的，这有点像指纹，石性就是拓本的指纹。

秦公确定这是真品无疑，就问送货的人想卖多少钱。货主是哥儿俩，还不是一个人，俩人互相看一眼，说：“我们想卖两万块。”当时老百姓对生活的最高追求就是“万元户”，这哥儿俩想一起当上万元户。这价钱在当时非常大，所以双方没有谈拢价格，这货主还挺拧，拿着东西就走了。秦公呢，就睡不着觉了，他想这么重要的国宝不能再散失，就通过北京市文物局向上级汇报。当时北京市文物商店有钱，可不能随便花。当时国有收购价钱都偏低，一个道光官窑碗收购才六块钱。这么大的数目就得打报告，一层一层地批，这个过程大概经过了小两年的时间。最后，国家出了重资——一万八千元，货主也同意卖掉，这《玉版十三行》就收购入库。那时，一个普通国营单位职工的工资只有三四十块钱，“一万八千元”这个数字绝对是天价。1983年，《玉版十三行》和秦公征集的宋拓《长沙帖》、宋拓《智永千字文》一起由北京市文物商店捐赠给了首都博物馆。

可这《玉版十三行》的故事还没完，后来居然引发了官司。

当年收购《玉版十三行》后不久，秦公就在报纸上写了《玉版十三行》的文章，称这是一件有重要价值的文物。文章发表之后，社会上的人就对这件东西乱估价，外行乱估价，说一万八太少啦，怎么也得十八万，还有说一百八十万、一千八百万的！社会上的风言风语把卖方吴氏兄弟搞得后悔不已。于是这吴氏兄弟找到了北京市文物商店和秦公，说您得把《玉版十三行》还给我们，要不然咱就正确地再次估价。

据吴氏兄弟中的这弟弟说，这件《玉版十三行》是他们家的祖传之物。1979 年落实政策发还他们家之后，父母让他们兄弟俩来京出售。1982 年，他们兄弟俩带着《玉版十三行》来到当时的北京市文物商店，可是文物商店对他们故意隐瞒了真实情况，是按照旧物的价格将其收购的，只给了一万八千元，并载名为“旧刻王献之书”，隐瞒了它是文物，具有文物价值，而且是国家的珍贵文物。

在后来的十多年间，他们多次找到文物商店，要求补偿损失，可是都被拒绝了。这吴先生还说，文物商店明知这件文物的材质是玉石，却以“旧石刻”认定，材质不同，价值也相差甚远。还有一个重要的情况是，当年来卖《玉版十三行》时，哥哥患有精神病，有医院的证明，因此双方的转让行为不平等、不公正，要求文物商店返还这件祖传文物。

当年的北京市文物商店已经成为现在的北京市文物公司。据他们说，当年收购《玉版十三行》根本不存在隐瞒真实情况的事。收购商品有四联发票。发票隔着三层复写纸，一式四联，给卖家一张，商店留一张，上报一张，还要库存一张。四联单上写得清清楚楚：“南宋王献之〈洛神赋〉刻石”，吴氏兄弟俩都签了字。《玉版十三行》实际上就是块石头，不是玉，所谓“玉版”实际是一种美称、一种文学描述，怎么能说是欺骗呢？当年是花一万八千元收购的，这在当时是一个天价。

吴氏兄弟在讨还无果的情况下，把北京市文物公司告到了法院。法院开庭审理了这个案件，但没有当场做出判决。一个月后，法院公开宣判结果：“驳回原告的诉讼请求，《南宋王献之〈洛神赋〉刻石十三行》仍为北京市文物公司所有。”

《玉版十三行》原石长 29.5 厘米，宽 27 厘米，厚 1.2 厘米，石质细润，为青黑色河南石，内容为曹植《洛神赋》从“嬉”字到“飞”字，共计 250 余字、13 行。这是长期以来公认最好、最接近真迹的一个重要版本，是王献之小楷的代表作，被誉为“小楷极则”。笔画隽秀挺拔，结字萧散，顾盼有致，盛名千年不衰。自东晋王献之书《洛神赋》到南宋贾似道集残卷刻石有八九百年的时间，自贾似道集残卷刻石到首博入藏《玉版十三行》有七八百年的时间，一千六百年来，《玉版十三行》呈现的不只是曲折的故事，它更充分地展现了中国书法艺术的魅力。

参考书目

1. 《民国初年昭陵六骏的离散》，天福、庞联昌，《大众考古》，2014 年第 8 期。

2. 《谈唐代皇帝陵墓的特点》，李阿能、刘向阳，《陕西历史博物馆馆刊》，2014 年 001 期。

3. 《昭陵六骏被盗再考》，裴建平，《文博》，2000 年 03 期。

4. 《史记·吕太后本纪》，中华书局点校本，1982 年 11 月。

5. 《汉官旧仪》，商务印书馆，1939 年初版，1960 年补印。

6. 《武威雷台汉墓》，甘肃省博物馆，《考古学报》，1974 年第 2 期。

7. 《甘肃武威市雷台出土铜奔马年代考辨》，何志国，《考古》，2008 年第 4 期。

8. 《西汉牧苑考》，雍际春，《中国历史地理论丛》，1996 年。

9. 《湖北钟祥明代梁庄王墓发掘简报》，梁柱，湖北省文物考古研究所，《文物》，2003 年第 5 期。

10. 《钟祥明代梁庄王墓的发掘》，梁柱，《江汉考古》，2002 年第 1 期。

11. *Ming:50 Years That Changed China (Pb)*， Craig， Jessica Harrison-Hall， BRITISH MUSEUM PRESS, 2014.09， ISBN 9780714124841.

12. 《梁庄王墓》，湖北省文物考古研究所、钟祥市博物馆，文物出版社，2007 年 03 月。

13. 『君台観左右帳記』，能阿弥、相阿弥，约 14 ~ 15 世纪、永禄二年（1559 年）古写本影印，日本东北大学藏。

14. 『茶の湯』，东京国立博物馆，2017 年。

15. 『静嘉堂 茶道具名品選』，静嘉堂文库美术馆，2004 年。

16. 《瓷之色》，马未都，紫禁城出版社，2011 年。

17. 《挚爱与奉献——我所参与的中国文物对外交流》，王立梅，文物出版社，2008 年 1 月 1 日。

18. 《法门寺与法门寺文化》，韩金科，《文博》，1993 年。

19. 《法门寺地宫发掘揭秘》，王谦，《文史春秋》，2004 年。

20. 《唐代金银香囊研究》，段炳文，《中央民族大学学报（哲学社会科学版）》，2011 年。

21. 《大唐香囊》，尚刚，《艺术设计研究》，2016 年。

22. 《唐代迎奉法门寺佛骨舍利之研究》，郭占宁，陕西师范大学，2012 年。

23. 《论殷周时代“司”“后”二字形义及其区分——兼论“司母戊鼎”不可改名为“后母戊鼎”》，曹定云，《殷都学刊》，2012 年 33（4）卷（期）。

24. 《王者之器——后母戊鼎发掘记》，纪录片《探索·发现》，2008 年第 145 期。

25. 《吉金溢彩》，中国国家博物馆官网，2008 年 12 月 31 日。

26. 《陈国公主与驸马萧绍矩的家世》，张柏忠，《内蒙古文物考古》，1992 年 Z1 期。

27. 《第七章 丧葬风俗》，《中国风俗通史 · 辽金西夏卷》上编辽代卷，上海文艺出版社，2001 年 11 月。

28. 《宝鸡青铜器国宝背后的故事（一）——废品堆中拣何尊》，吕向阳，陕西省文史研究馆《收藏》期刊，2008 年第 8 期。

29. 《西周青铜器铭文分代史徵》，唐兰，上海古籍出版社，2016 年 12 月。

30. 《内蒙古阿鲁柴登发现的匈奴遗物》，田广金、郭素新，《考古》，1980 年。

31. 《匈奴金银器的造型艺术与文化象征》，张景明，《民族艺术》，2006 年。

32. 《匈奴发展史研究》，闵海霞，兰州大学博士学位论文，2010 年。

33. 《古代冠礼思想研究》，王薇，吉林大学硕士学位论文，2015 年。

34. 《满城汉墓发掘报告》，姚苑真，中国社会科学院考古研究所、河北省文物管理处编，文物出版社，1980 年。

35. 《郭沫若与满城汉墓的发掘》，王廷芳，《郭沫若学刊》，1990 年第 3 期。

36. 《旧唐书 · 则天皇后本纪第六》《旧唐书 · 礼仪志》，中华书局校点本，1975 年。

37. 《太平御览 · 道部》之《黄箓简文经》，上海古籍出版社，2008 年 4 月。

38. 《陶形鹰鼎》，于璐、王月前等，中国国家博物馆官网。

39. 《渑池县志 (1986-2000)》，渑池县地方史志编纂委员会，方志出版社，2006 年 10 月。

40. 《陕西华县泉护村遗址发现的全新世猛禽类及其意义》，张玉光、王炜林、胡松梅、田晓阳、刘庆国，《地质通报》，2009 年第 6 期。

41. 《64件不准出国国宝之③陶鹰鼎：当过“申奥大使”的萌物》，曜歌，《文史参考》，2012年16期。

42. 《古代海东青多重文化象征略议》，孙立梅，《白城师范学院学报》，2019年。

43. 《浅析曾侯乙编钟的文化属性和音乐技巧》，胡舜方，《兰台世界》，2014年18期。

44. 《南越国艺术研究》，高占盈，西安美术学院博士学位论文，2008-03-01。

45. 《汉代墓葬中出土玉璧的研究》，石文嘉，南开大学硕士学位论文，2011-05-01。

46. 《广州南越王墓玉器研究》，陈群，中央美术学院硕士学位论文，2009-05-01。

47. 《广州南越王墓玉器的装饰艺术特色及再应用研究》，王薇，广东工业大学硕士学位论文，2017-11-01。

48. 《汉玉大观——南越王墓玉器略考》，王维一，《收藏家》，2018年03期。

49. 《先秦玉礼研究》，何宏波，郑州大学博士学位论文，2001-04-01。

50. 《南越“文帝”宜为赵佗子》，张梦晗，《形象史学》，2017年上半年。

51. 《象岗南越王墓墓主赵胡说补证》，叶永新，《文博》，2008年03期。

52. 《五代王处直墓》，河北省文物研究所、保定市文物管理处，文物出版社，1998年7月。

53. 《黑龙江省博物馆馆藏精粹》，黑龙江博物馆，文物出版社，2012年1月。

54. 《南宋朱克柔缂丝〈蛱蝶山茶图〉》，刘韫，《收藏家》，2007年。

55. 《缂丝的起源与传播》，朴文英，辽宁省博物馆馆刊，2008年。

56. 《朱启钤护救缂丝国宝传奇》，朱浒，《艺术市场》，2009年。

57. 《“织中之圣”——中国缂丝的传统技艺传承》，杨烨，中华文化论坛，2013年。

58. 《冉冉流芳惊绝代——朱启钤先生学术思想研究》，孔志伟，天津大学学位论文，2007年。

59. 《髹饰录解说——中国传统漆工艺研究》，王世襄，文物出版社，1983年3月第一版，1998年第二次印刷。

60. 《中国古代漆器》，王世襄，生活·读书·新知三联书店，2013年07月。

61. 《陈重远说琉璃厂：金石谈旧》，陈重远，北京出版社，2015年7月1日。

62. 《王士珍》，王发敬、杨爱国、韩义广，河北省正定县文管所编印，2012年2月。

63. 大阪市立东洋陶瓷美术馆，『東洋陶磁の展開—大阪市立東洋陶磁美術館 館蔵品選集』，大阪市立东洋陶瓷美术馆，1999年。

64. 大阪市立东洋陶瓷美术馆，『国宝油滴天目茶碗と国宝飛青磁花生 - 伝世の名品』，大阪市立东洋陶瓷美术馆，2012年。

65. *Chinese Ceramics: Highlights of the Sir Percival David Collection*, British Museum, 2009.

图书在版编目（CIP）数据

国宝100. 第一卷 / 马未都编著. -- 武汉：长江文艺出版社，2020. 8（2022. 5重印）
ISBN 978-7-5702-1200-2

I. ①国… II. ①马… III. ①文物 - 介绍 - 中国 IV. ①K87

中国版本图书馆CIP数据核字（2019）第173632号

国宝100. 第一卷

GUOBAO100. DIYIJUAN

马未都 编著

选题产品策划生产机构 | 北京长江新世纪文化传媒有限公司
总 策 划 | 金丽红 黎 波
责任编辑 | 王赛男 封面设计 | 郭 璐 媒体运营 | 刘 冲 刘 峥 洪振宇
法律顾问 | 梁 飞 内文制作 | 张景莹 责任印制 | 张志杰 王会利
版权代理 | 何 红 新媒体运维 | 高 梦
封面摄影 | Photolomo · 约拍館
总 发 行 | 北京长江新世纪文化传媒有限公司
电 话 | 010-58678881 传 真 | 010-58677346
地 址 | 北京市朝阳区曙光西里甲6号时间国际大厦A座1905室 邮 编 | 100028

出 版 | 长江出版传媒 长江文艺出版社
地 址 | 湖北省武汉市雄楚大街268号湖北出版文化城B座9-11楼 邮 编 | 430070
印 刷 | 天津盛辉印刷有限公司
开 本 | 710毫米 × 1000毫米 1/16 印 张 | 18.25
版 次 | 2020年8月第1版 印 次 | 2022年5月第4次印刷
字 数 | 234千字
定 价 | 68.00元